Handbuch der klassischen Erotologie

(De figuris Veneris)

Friedrich Karl Forberg

Writat

Diese Ausgabe erschien im Jahr 2023

ISBN: 9789359253909

Herausgegeben von
Writat
E-Mail: info@writat.com

Inhalt

Vorwort

Es ist vielleicht gut, gleich zu sagen, dass das „Handbuch der klassischen Erotologie" nur für Studenten der klassischen Erotologie, Rechtsanwälte, Psychologen und Mediziner gedacht ist. Wir glauben, dass diejenigen Personen, die es als Mittel zum Erwecken üppiger Empfindungen lesen, schwer enttäuscht sein werden. Noch nie hat die Presse ein ernsteres Werk veröffentlicht. Hier haben wir es nicht mit einer seltsamen erotischen Geschichte zu tun, die einem kranken Geist entspringt, sondern mit einer kalten, schonungslosen Analyse jener menschlichen Leidenschaften, mit denen die Wissenschaft immer zu kämpfen und sie zu besiegen ist.

Als Grundlage auch für die richtige Interpretation des Dramas der Antike sind Forbergs Studien äußerst wertvoll. Abgesehen von diesem außergewöhnlichen Buch, Rosenbaums *Geschichte der esoterischen Gewohnheiten, Überzeugungen und Bräuche der Antike* , kennen wir keine andere Zusammenstellung, die ein so intensives Suchlicht auf die Verbrechen, Torheiten und Perversionen des „Sechsten Sinnes" wirft, die das Alte verändert haben den Ruhm Griechenlands und Roms zu einem Inbegriff und einem Vorwurf unter den Nationen gemacht.

Die vorliegende englische Übersetzung, die jetzt den Gelehrten angeboten wird, ist völlig neu und absolut exakt. Beim Text wurden keine Freiheiten genommen. Man war der Meinung, dass jeder Versuch, mehr Farbe hinzuzufügen oder die Wirkung zu verstärken – was eine Abweichung von der von Forberg festgelegten Linie der strengen Einfachheit mit sich brachte – den wissenschaftlichen Wert und Charakter des Werks beeinträchtigt hätte.

Der verstorbene Isidore Liseux gab 1882 eine französische Version mit lateinischem Text *imprimé à cent exemplaires* „für sich und seine Freunde" heraus. Dieses Werk ist heute sehr selten anzutreffen, da die gesamte Ausgabe vor ihrem Erscheinen von Gelehrten und Bibliophilen privat abonniert wurde. Die diebischen Kopisten machten sich natürlich sofort an die Arbeit und irgendein elender Penny-a-Liner, der weder Latein noch Griechisch beherrschte, erstellte eine englische Abschrift voller Fehler, die nur auf dem französischen Text basierte.

Es besteht keine Notwendigkeit hinzuzufügen, dass ein solches Buch für den Studenten als Nachschlagewerk keinen Wert hat, denn die fehlerhaften und kraftlosen Wiedergaben, die in Liseux ' Version oft anzutreffen sind, werden mit bezaubernder Genauigkeit wiedergegeben, während das Fehlen von Der Originaltext macht es umso gefährlicher, das Werk als Leitfaden zu akzeptieren. Nachdem wir so viel zu den beiden einzigen uns bekannten Übersetzungen gesagt haben, geben wir nun einen Bericht über den guten

Meister Forberg und das, was über die Entstehung und den Aufbau seines Meisterwerkes bekannt ist .

Der bedeutende Autor dieses Buches wurde nie berühmt. Sein Name wird gelegentlich im Zusammenhang mit dem „Hermaphroditus" von Antonio Beccadelli , bekannt unter dem Nachnamen Panormitanus , erwähnt, den er herausgab. Brunet, Charles Nodier und die *Bibliographie des Ouvrages relatifs aux Femmes, à l'Amour et au Mariage , sprechen in diesem* Zusammenhang von ihm ; Eine Liste seiner Werke erscheint darüber hinaus im *Index Locupletissimus Librorum* oder *Bücher -Lexicon* (Bibliographisches Lexikon) von Christian Gottlob Kayser , Leipzig, 1834. Aber mit Ausnahme der *Allgemeinen Deutschen Biographie* , deren Herausgabe 1878 von der Historischen Kommission der Münchner Akademie begonnen wurde und die ihm eine kurze Notiz gewidmet hat, sind alle Wörterbücher und Sammlungen der Antike oder der modernen Biographie sind ihm gegenüber stumm. Das *Konversations-Lexikon* und die umfangreiche Enzyklopädie von Ersch und Gruber enthalten keine einzige Zeile über ihn, während Michaud, Didot, Bachelet und Dezobry , Bouillet , Vapereau seine Existenz völlig ignorieren. Trotzdem hat er ein oder zwei Worte verdient.

Friedrich Karl Forberg wurde im Jahr 1770 in Meuselwitz im Herzogtum Sachsen-Altenburg geboren und starb 1848 in Hildburghausen . Er war Philosoph und Mitarbeiter von Fichte, während er einen Teil seiner Aufmerksamkeit der religiösen Exegese widmete; vor allem aber war er Philologe und Humanist – gelehrt und neugierig zugleich. Er verfolgte zunächst die Laufbahn eines Universitätslehrers ; 1792 *wurde er Privatdozent* , ab 1793 Assistenzprofessor an der Philosophischen Fakultät in Jena und 1796 zum Co-Rektor in Saalfeld ernannt. Seine Antrittsarbeit: „ Dissertatio Inauguralis de Aesthetica transcendentali ", ist mit 1792 datiert (Jena, 8vo.); es folgten eine „Abhandlung über die ursprünglichen Bedingungen und formalen Beschränkungen der Willensfreiheit" in deutscher Sprache und ein „Auszug aus meinen Gelegenheitsschriften", ebenfalls in deutscher Sprache (1795). Von 1796 bis 1800 schrieb er ausführlich zur Verteidigung der Lehren Fichtes in Zeitschriften und Rezensionen, insbesondere im Philosophischen Magazin von Schmidt, und in verschiedenen Veröffentlichungen, die von Fichte selbst stammen. Er veröffentlichte außerdem: „ Animadversiones in loca selecta Novi Testamenti " (Saalfeld, 1798, 4to.), „eine Apologie für seinen angeblichen Atheismus", auf Deutsch (Gotha, 1799, 8vo.). „Pflichten gelehrter Männer", auf Deutsch (Gotha, 1801, 8vo.) usw.

Der zweite Teil seines Lebens scheint ausschließlich der Literatur gewidmet gewesen zu sein. 1807 wurde er zum Konservator der Reichsbibliothek in Coburg ernannt, und nachdem er von der Philosophie genug hatte, widmete er seine ganze Aufmerksamkeit dem Studium der lateinischen und griechischen Antike. Zuvor war sein Geschmack bereits durch die Veröffentlichung mehrerer hübscher Ausgaben der kleineren lateinischen Erotikdichter offenbart worden; Diese bilden eine Sammlung von sechs oder acht Bänden in 16 Monaten mit roten Randlinien und sind jetzt sehr schwer zu beschaffen. Als er in der Coburger Bibliothek ein Manuskript des „Hermaphroditus" des Panormitanus entdeckte , das wichtige neue Lesarten und Varianten des erhaltenen Textes bot, kam er auf die Idee, eine endgültige Ausgabe des Werks mit ausführlichen Kommentaren zu erstellen.

Der besagte „Hermaphroditus", der so genannt wird, „weil", sagt La Monnoye , „der ganze Schmutz im Zusammenhang mit beiden Geschlechtern das Thema des Bandes bildet", ist eine Sammlung lateinischer Epigramme, gefüllt mit einem Flickenteppich von Zitaten von Virgil und Ovid und Martial, bei dem die Erinnerung einen viel größeren Anteil hat als die Vorstellungskraft und der uns nie einen großen literarischen Wert zugesprochen schien. Aber die Missgeschicke, denen das Buch widerfahren musste, waren die öffentliche Verbrennung als Manuskript auf den Marktplätzen von Bologna, Ferrara und Mailand, die Bannfluche, die einige Gelehrte gegen es schleuderten, und die Gunst , mit der es von anderen aufgenommen wurde, die es waren Ich freue mich, bei der Lektüre alte Erinnerungen zu wecken, die ihm eine Art Ruf verliehen haben. Der Abbé Mercier de Saint-Léger war der erste, der es in Paris veröffentlichte, zusammen mit den Werken von vier anderen Dichtern derselben Art: Ramusius de Rimini, Pacificus Maximus, Jovianus Pontanus und Joannes Secundus [1] . Aber Forberg schätzte zwar die Arbeit und insbesondere den Mut des gelehrten Franzosen voll und ganz, fand aber vieles, woran er etwas auszusetzen hatte; die Epigramme des Panormitanus waren nicht nummeriert, was das Zitieren aus ihnen erschwerte, viele Lesarten waren fehlerhaft und er konnte sie dank seines Manuskripts korrigieren; Schließlich hatte Mercier de Saint-Léger es unterlassen, seinen Autor laufend zu kommentieren und seinen Text durch Notizen und den Vergleich paralleler Passagen zu erklären, während Forberg zufolge für ein Buch dieser Art Zehner- und Hunderternoten erforderlich waren. Jeder Vers, jeder Hemistich, jedes Wort bietet Stoff für philosophische Überlegungen und hochinteressante Vergleiche. Deshalb nahm er das Buch in die Hand und begann mit neugieriger Sorgfalt alles zu sammeln, was die Alten über die heiklen Themen geschrieben hatten, die im „Hermaphroditus" behandelt wurden.

Aber als er am Ende seiner Aufgabe angelangt war, stellte er fest, dass sein Kommentar das Buch übertönen würde, dass er kaum in der Lage wäre, alle zwei oder drei Seiten einen Vers davon einzufügen, da der Rest des Buches von seinem Kommentar eingenommen wurde Notizen, und dass das Ergebnis Chaos sein würde. Er teilte sein Werk in zwei Teile und beließ den kleineren Teil in Form von Anmerkungen, reduziert auf die unentbehrlichen Erklärungen, dem „Hermaphroditus", während er aus dem zweiten und reichhaltigeren Teil seiner gelehrten Forschungen eine besondere Abhandlung verfasste, die er hatte es als Beilage unter dem Titel „Apophoreta " oder „Zweiter Gang" gedruckt; Diese Abhandlung war in seinen Augen nur eine Art Nachtisch im Anschluss an die reichhaltige Mahlzeit, die der lateinische Dichter des 16. Jahrhunderts bereitstellte . Jahrhundert. Das Ganze bildet einen bei Laien begehrten Band: „ Antonii Panormitae *Hermaphroditus;* primus in Germania edidit et Aphoreta Adjezit Frider . Carol. Forbergius . Coburgi , Sumtibus Meuseliorum , 1824, 8vo." [2]

.

Forberg , der gute, einfache Mann, täuschte sich aufgrund seiner zu großen Bescheidenheit; Das wahre Festmahl, das zugleich gehaltvoll, nahrhaft und wohlschmeckend ist, ist sein eigenes Werk, das Werk, das er aus eigener Kraft, aus seinem unerschöpflichen Gedächtnis und aus seiner erstaunlichen Kenntnis der griechischen und lateinischen Autoren bis ins kleinste Detail erarbeitet hat. Bei der Neuauflage dieses hervorragenden Werks, das zweifellos eine Übersetzung verdient hätte, haben wir ihm einen neuen Titel gegeben, der viel passender ist als der alte: „Das Handbuch der klassischen Erotologie". Aufgrund des Charmes, der Fülle und der Vielfalt der Zitate ist es eine unbezahlbare erotische Anthologie; Aufgrund der methodischen Klassifizierung der Inhalte, die Forberg übernommen hat, handelt es sich um ein didaktisches Werk – ein wahres Handbuch. Er begann damit, bei griechischen und lateinischen Schriftstellern eine möglichst große Anzahl verstreuter Notizen zu sammeln, die als Vergleichspunkte mit den Epigrammen von Beccadelli dienen könnten ; Da er über eine große Sammlung davon verfügte, kam ihm der Gedanke, sie der Reihe nach zu ordnen, sie entsprechend der Ähnlichkeit ihres Inhalts zu ordnen und sich schließlich für eine Unterteilung in acht Kapitel zu entscheiden, die der gleichen Anzahl besonderer Manifestationen von entsprechen die Liebesphantasie und ihre Verderbtheiten:

ICH.   – <u>Von der Kopulation</u> .

II.   – <u>Von der Pedikation</u> .

III.   – <u>Von Irrumation</u> .

IV.   – <u>Von Masturbation</u> .

V.   – <u>Von Cunnilingues</u> .

VI.   – <u>Von Tribaden</u> .

VII.   – <u>Vom Verkehr mit Tieren</u>.

VIII.   – <u>Von spintrischen Haltungen</u>.

Er stellte fest, dass er in jeder Klasse Unterteilungen entsprechend der Art des Fachs vornehmen musste, um Besonderheiten und Individualitäten hervorzuheben; und der Kontrast zwischen diesem wissenschaftlichen Apparat und den scherzhaften Dingen, die den strengen Gesetzen der Schlussfolgerung und Demonstration unterliegen, ist nicht das am wenigsten amüsante Merkmal des Buches. Wahrscheinlich hätte niemand außer einem deutschen Gelehrten auf die Idee kommen können, alle bekannten Formen natürlicher und unnatürlicher Begierden auf diese Weise in Kategorien, Gruppen, Gattungen, Variationen, Arten und Unterarten zu klassifizieren, so die vertrauenswürdigsten Autoren. Doch Forberg verfolgte noch ein anderes Ziel. Im Laufe seiner Nachforschungen war ihm aufgefallen, wie zurückhaltend die Kommentatoren und Erläuterer im Allgemeinen sind, wenn es darum geht, Dinge zu klären, die es am meisten zu erfordern scheinen, einige aus falscher Zurückhaltung, andere aus Angst, zu wissend zu wirken, und wieder andere aus Angst Ignoranz; Und wie viele Fehler und grobe Fehler haben sie begangen, weil sie die Sprache der Erotik nicht verstanden und ihre unendlichen Bedeutungsnuancen nicht . verstanden haben.

Gerade auf diese dunklen und schwierigen Passagen der antiken Dichter, auf jene Ausdrücke, die absichtlich wegen ihrer Mehrdeutigkeit gewählt wurden und die den Kritikern eine Qual und den gelehrtesten Kommentatoren ein Rätsel waren, hat unser gelehrter Humanist seine überzeugendsten Beobachtungen konzentriert .

Die Zahl der Autoren – griechische, lateinische, französische, deutsche, englische und niederländische –, die er zur Formulierung seiner genauen und wohlüberlegten Klassifizierung herangezogen hat, beläuft sich auf eine beeindruckende Gesamtzahl. Im „*Manual of Erotology*" sind etwa fünfhundert Passagen zu finden, die aus mehr als einhundertfünfzig Werken ausgewählt, alle klassifiziert, erklärt, kommentiert und in den meisten Fällen, wie zuvor in Dunkelheit gehüllt, deutlich gemacht wurden Licht selbst durch die bloße Tatsache der Gegenüberstellung. Mit Forberg als Führer muss niemand mehr fürchten, in die Irre zu gehen – zum Beispiel zu glauben, wie M. Leconte de Lisle, dass die Frau, von der Horaz sagt, dass sie weder Kleidung noch Ort wechselt, „ *peccatve.* " *superne* " „hat sich nicht über alle Maßen geirrt"; Was für ein Fehler! – oder mit M. Nisard , um Suetons Ausdruck „ *illudere caput alicuius* "zu übersetzen, „ jemandem das Leben zu nehmen " [3] !

Forberg , ein Philosoph, hat diese heiklen Themen wie ein Philosoph behandelt, nämlich auf rein spekulative Weise, als ein Mann, der weit über irdische Angelegenheiten hinausgeht, und insbesondere im Hinblick auf die Schmierereien, deren Untersuchung er sich zur Aufgabe gemacht hat eng. Er erklärt, er wisse persönlich nichts darüber, habe nie daran gedacht, experimentelle Untersuchungen darüber durchzuführen, sondern beziehe sein gesamtes Wissen aus Büchern. Seine Offenheit ist über jeden Zweifel erhaben. Er ist der Kritik nicht entgangen; Da er aber auf jeden Einwand eine Antwort parat hatte und in jedem Punkt Autoritäten anführen konnte, fand er eine Antwort an seine Kritiker in der Formulierung von Justus Lipsius parat, dem man vorgeworfen hatte, er habe Gefallen an den Greueln des Petronius gefunden: „Die Weine, die ihr gesetzt habt." auf dem Tisch den Trunkenbold erregen und den nüchternen Mann vollkommen ruhig lassen; Ebenso *kann diese Art der Lektüre* sehr wahrscheinlich eine bereits verdorbene Fantasie anregen, aber sie hinterlässt keinen Eindruck auf einen keuschen und disziplinierten Geist."

FUSSNOTEN - VORWÄRTS

<u>1</u>. *Quinque illustrium Poetarum , Antonii Panormitae ; Ramusii Ariminensis ; Pacifici Maximi Asculani ; Io. Joviani Pontani ; Io. Secundi Hagiensis , Lusus in Venerem , partim ex codicibus Manuscriptis , nunc primum editi Parisiis , Prostata Anzeige Pristrinum , in Vico suavi ,* (*in Paris, bei Molini , Rue Mignon*), 1791, 8vo.

<u>2</u>. Zu einigen Kopien sind etwa dreißig Stiche beigefügt, die die wichtigsten erotischen Stellungen darstellen; Diese Stiche stammen aus den *Monuments de la Vie Privée des douze Césars* und aus den *Monuments du Culte Secret des Dames Romaines* , zwei Werke, die nun täglich seltener werden.

<u>3</u>. Siehe unten S. ?? Und ??? jeweils.

DIE
Metamorphosen der Venus

Wir schlagen vor, die verschiedenen Metamorphosen der Venus Revue passieren zu lassen – allerdings nicht alle. Denn wie ist es möglich, die tausend Modi [4], die tausend Formen der Liebe zu spezifizieren, an denen sich die erfinderische Sättigung des Vergnügens wagt? Aber auf jeden Fall lassen sich solche, die in verschiedene und eindeutige Arten fallen, leicht und methodisch klassifizieren. Erwarten Sie, neugieriger Leser, nicht mehr. Wir gehören nicht zu denen, die nach kleinlichem persönlichem Ruhm streben, indem sie die Ergebnisse ihrer eigenen Erfahrungen enthüllen oder neue *Glanzleistungen* in der Wrestling-Schule beschreiben; Wir sind bei diesem Spiel keine reinen Rekruten. Es ist auch nicht unsere Absicht, Dinge preiszugeben, die wir in diesem Zusammenhang gesehen oder gehört haben . Wenn wir *würden* , könnten wir es nicht – zu Ihrer Zufriedenheit, denn Bücher sind unsere einzigen Autoritäten. Wir sind einzig und allein Büchermänner und haben kaum Kontakt zu unseren Mitgeschöpfen.

Diese Kleinigkeiten erregten zunächst als bloßer Zeitvertreib unsere Aufmerksamkeit. Wir wurden zufällig zu ihnen geführt, als wir für Philosophie von Thema zu Thema streiften. Der Garten, in dem wir gehofft hatten, unser Leben lang unser Zelt aufzuschlagen, liegt verlassen. Wie *kann* die Philosophie in Zeiten wie unseren gedeihen, in denen fast jeden Tag neue Systeme entstehen, die morgen wieder vergehen? wenn es so viele Philosophen wie Philosophien gibt, wenn Schulen aufgehört haben zu existieren, wenn statt Gruppen nur noch Einzelpersonen anzutreffen sind? Unser zweites Motiv bestand darin, den Behauptungen jener Leser eine gewisse, wenn auch geringe Befriedigung zu verschaffen, die sehr oft von der unkonventionellen Anzüglichkeit antiker Autoren und ihren unverblümten Witzen beunruhigt sind und sich zu Recht über die prüde Kürze oder das völlige Schweigen der Autoren beschweren Kommentatoren, die ihre Schwierigkeiten unerklärt lassen. Natürlich schrieben diese Letzteren für die Jugend; und niemand kann ihnen unter diesen Umständen einen Vorwurf machen, dass sie sich nicht sorgfältig und neugierig mit beschämenden Geheimnissen beschäftigt haben.

Wenn wir in irgendwelche Fehler geraten sind, schieben wir die Schuld erstens auf unsere unzureichenden intellektuellen Fähigkeiten, zweitens auf unsere Unwissenheit über die ungewöhnlicheren Formen der Lust, eine Unwissenheit, die in Kleinstädten vorherrscht, und schließlich, wenn Sie so wollen, auf unsere Unwissenheit über die ungewöhnlicheren Formen der Lust Es ist der ehrlichen Einfachheit unserer Coburger Bürgerschaft zu *verdanken* .

Wir folgen nur dem Beispiel anderer. Wir haben Vorgänger in Astyanassa , der laut Suidas [5] als erster „von erotischen Haltungen" schrieb; und in Philaenis von Samos [6] , oder besser gesagt, um niemandem sein Recht vorzuenthalten, Polykrates, ein athenischer Sophist, der unter dem Namen einer ehrenwerten Matrone ein Buch „Über die verschiedenen Haltungen der Liebe" herausbrachte . Dann war da noch Elephantis [7] oder Elephantiné , ein griechisches Mädchen, mit dessen ausschweifenden Schriften Tiberius sein Schlafzimmer ausgestattet haben soll; auch Paxamus [8] , der das *Dodekatechnon* in lasziven Haltungen komponierte; und Sotades [9] von Maroneia , mit dem Beinamen der Cinaedologue , nach dessen Namen eine ganze Klasse von Literatur, die sich durch ihre übermäßige Schlüpfrigkeit auszeichnet, als Sotadic bekannt ist ; und Sabellus , von dem Martial spricht: „Viele Verse, nur zu reichlich, über skandalöse Themen hast du mir vorgelesen, o Sabellus , wie sie weder die Mägde von Didymus [10] noch die mutwilligen Abhandlungen von Elephantis kennen ." Darin sind neue Haltungen der Liebe enthalten, die der verzweifelte Unzüchtige versucht, und die, die Ausschweifungen anwenden, aber nie erzählen – wie in einer Reihe gruppiert fünf auf einmal kopulieren, wie eine größere Anzahl noch eine Kette bilden kann. Es hat sich kaum gelohnt, gebildet zu sein."

Darüber hinaus befand sich unter unseren Vorgängern der berühmte Pietro Aretino [11] , ein Mann von fast göttlichem Genie, von dem böswillige Berichte behaupten, er habe sechzehn von Julio Romano gemalte und von Marc-Antonio in Kupfer gestochene Tafeln mit Versen illustriert, die über alle Maßen unanständig waren ; Wieder Lorenzo Veniero [12] , ein venezianischer Adliger, Autor eines kleinen Werkes in italienischer Sprache mit dem Titel *La Puttana Errante* (Die wandernde Hure), in dem er es sich vorgenommen hat, nicht weniger als fünfunddreißig Arten des Liebens zu spezifizieren. Schließlich war da noch Nicolas Chorier , ein französischer Anwalt, der unter dem Namen Aloysia tätig war Sigaea , eine junge Spanierin, hat uns die *Satirae geschenkt Sotadicae de arcanis Amoris et Veneris* (Sotadische Satiren über die geheimen Riten der Liebe und der Venus); obwohl das Buch auch unter dem Namen Joannes erscheint Meursius mit dem Titel *Elegantiae Latini Sermonis* (Gnaden der lateinischen Prosa). Sie wissen nicht, was Sie an diesem Buch am meisten bewundern sollen: den eleganten, korrekten und sorgfältigen Stil, der dennoch frei von Pedanterie ist, den ebenso fröhlichen und anmutigen Witz, die strahlenden Funken lateinischer Gelehrsamkeit, die überall glitzern, die reiche und üppige Beredsamkeit wie bei Juwelen durch polierte und leuchtende Wörter und Phrasen von angenehmem antikem Geschmack , oder schließlich die herausragende Fähigkeit, ein einfaches Thema mit solch vielfältiger Vielseitigkeit zu variieren. Die anderen brauchen wir nicht weiter zu erwähnen.

Unsere Vorgänger, ob die moderneren oder die der Antike, die wir zitiert haben, und deren Werke leider alle! Die neidische Zeit hat uns ihrer beraubt, es mangelte weder an strengen Kritikern noch an fleißigen Lesern. Und unsere eigene Abhandlung wird ihrerseits zweifellos auf beide Klassen treffen. Es ist ein Männerbuch; Wir haben es ohne Furcht vor Tadel für Menschen geschrieben – nicht für solche, die es gewohnt sind, mit wachsender Stirn „die Natur vor die Tür zu setzen", sondern vielmehr für solche, die es ein für alle Mal gewagt haben, ihr Leben zu leben, die es aber nicht wollen in der Dunkelheit lauern und sich dem Tag der offenen Tür nicht mit Unverschämtheit widersetzen, mit einem Wort für diejenigen, die denken, dass in der Liebe wie in allem anderen die goldene Mitte der Weg ist, den es zu wählen gilt. Lassen Sie andere ihren Weg gehen und maßen sich den Titel eines Weisen an!

DIE Arbeit der Venus kann mit oder ohne Hilfe der *Mentula* (männliches Mitglied) durchgeführt werden. Bei der Mentula kann die Reibung dieses Organs, in der die ganze Lust besteht, entweder in der *Vulva* (weibliches Organ), im *Anus* (Arschloch), im Mund, mit der Hand oder anderswo erfolgen Hohlraum des Körpers. Ohne Mentula kann die Vulva entweder mit der Zunge, mit der Klitoris oder mit jedem Gegenstand bearbeitet werden, der dem männlichen Organ ähnelt.

FUSSNOTEN – DIE Metamorphosen der Venus

<u>4</u>. Ovid, *Art of Love*, I., 435, 36: „Die gottlosen Machenschaften der Huren, zehn Münder und ebenso viele Zungen obendrein würden nicht ausreichen."

Aloysia Sigaea : „Der Körper kann bei der Opferung für die Venus so viele Haltungen einnehmen, wie es Möglichkeiten gibt, sich zu beugen und zu krümmen. Es ist ebenso unmöglich, sie alle aufzuzählen, sondern zu sagen, was am besten geeignet ist, Vergnügen zu bereiten. Jeder handelt in dieser Hinsicht nach seiner eigenen Laune, je nach Ort, Zeit usw. und wählt diejenige, die er bevorzugt. Liebe ist nicht für alle gleich." (Dialog VI.)

<u>5</u>. Suidas unter *Astyanassa* : „ Astyanassa , Magd von Helena, der Frau von Menelaos, die als erste die verschiedenen Stellungen im Liebesakt erfand." Sie schrieb „Von erotischen Haltungen"; und wurde von Philaenis und Elephantine verfolgt und nachgeahmt , die die Reihe ähnlicher Obszönitäten weiterführten."

<u>6</u>. *Priapeia* , LXIII: „Zu ihr pflegt ein bestimmtes Mädchen (ich hätte fast ihren Namen genannt) mit ihrer Geliebten zu kommen; und wenn sie es nicht schafft, so viele Stellungen zu entdecken, wie Philaenis sie beschreibt, geht sie wieder weg, immer noch juckend vor Verlangen."

Philaenis hat in Aischrion einen Verfechter ihres guten Namens gefunden , der ein Epitaph für sie schrieb, das noch heute bei *Athenaeus* , v. Chr., erhalten ist. VIII. CH. 13: Die letzten Zeilen lauten: „Ich hatte keine Lust auf Männer und war auch nicht ein Scherz; aber Polykrates, seiner Abstammung nach ein Athener, ein Redner, ein schlechtzüngiger Sophist, schrieb – was er schrieb; Ich weiß nichts von allem."

Timarchus aus Lucian bekannt (*Apophras* , S. 158, Bd. VII, Werke des Lucian, Hrsg. JP Schmid): „Sagen Sie mir, wo Sie diese Wörter und Ausdrücke finden – in welchen Büchern? Liegt es an den Bänden von Philaenis , die immer in deinen Händen sind?"

<u>7</u>. Suetonius, *Tiberius* , Kap. 43: „Er schmückte seine verschiedenen und unterschiedlich eingerichteten Schlafgemächer mit Bildern und Flachreliefs äußerst ausschweifender Art und stattete sie mit Werken von Philaenis aus , damit niemand, der auftrat, ein Modell der geforderten Haltung haben wollte."

Priapeia , III: „ Lalagé nimmt Bilder aus den zügellosen Abhandlungen von Elephantis und überreicht ihnen eine Opfergabe an den steifen Gott und bittet Sie, zu beweisen, ob sie die abgebildeten Haltungen in Einklang bringt."

Es scheint also, dass Künstler die von Elephantis beschriebenen Körperhaltungen darstellten , wobei sie möglicherweise selbst das Beispiel gab. Gemälde der Art, die Lalagé Priapus widmet, und bittet ihren Geliebten, sie zu haben und zu sehen, ob sie eine fügsame Schülerin darin ist, alle darin dargestellten Verbindungsarten getreu nachzuahmen. Zweifellos haben solche Darstellungen zügelloser Körperhaltungen, die den Werken von Elephantis oder Philaenis oder anderswo entnommen sind, den Einfallsreichtum der Künstler angeregt, diese verlockenden *Motive* in höchster Vollendung nachzuahmen . *Ovid spielt in seiner Kunst der Liebe , II.,* *680* auf solche Kunstwerke an : „Sie vereinen sich in Liebe in tausend Haltungen; Kein Bild könnte auf frische hinweisen …“; sowie der Autor eines antiken Epigramms, das *Joseph Scaliger* in seinem Kommentar zur *Priapeia* , III., zitierte; „Und wenn sie sich in jede Haltung geworfen hat, um die verführerischen Bilder nachzuahmen, kann sie gehen; aber das Bild soll über meinem Bett hängen bleiben.“ Nichts war bei den Römern üblicher, als die Wände und Trennwände von Räumen mit ausschweifenden Gemälden zu schmücken, wie aus Propertius II., vi, 27 sqq . hervorgeht : „Die Hand, die zuerst schmutzige Bilder malte und üble Anblicke auf ehrliche Weise enthüllte.“ nach Hause, verdarb die reinen Augen junger Mädchen und beschloss, sie zu Komplizen seiner eigenen Lüsternheit zu machen. In alten Zeiten waren unsere Wände nicht mit Fantasien dieser abscheulichen Art beschmiert, als auch nie eine Trennwand mit einem bösartigen Thema geschmückt war.“

8 . *Suidas* : „ Paxamus schrieb das *Dodekatechnon* ; Das Thema sind die obszönen Körperhaltungen.“ Aber ich denke, er hat keinen guten Grund, damit den Beinamen *Dodecamechanos in Verbindung zu bringen, der einem gewissen* Cyrené gegeben wurde . Die besagte mutwillige Jungfrau scheint die zwölf Haltungen der Venus eher geübt als beschrieben zu haben. *Suidas* unter *Dodecamechanon* : „Es gab eine berühmte *Hetäre* , Cyrene mit Namen, die auch *Dodecamechanos* genannt wurde , weil sie beim Liebesspiel zwölf verschiedene Stellungen einübte .“

Aristophanes sagt in den *Fröschen* , 1361-63: „Wagst du es, meine Lieder zu kritisieren, du, der du deine Kadenzen nach den zwölffachen Haltungen von Cyrené modulierst ?“ Ihr Name kommt auch in den *Thesmophoriazusae* (104) vor, aber nur ihr Name. (Unsere ständige Regel besteht darin, aus Burmanns Aristophanes-Ausgabe zu zitieren.) Ich bin mir nicht sicher, ob Musaeus zu den Autoren der erotischen Körperhaltungen gezählt werden sollte. Martial , _ _ _ Gleichzeitig warnte er ihn, sein Mädchen bereitzuhalten, wenn er nicht wollte, dass seine Hände den Hochzeitsmarsch vollzogen und die Ehe ohne eine Frau vollzogen.

9 . *Athenaeus* , XIV., 13: „Auch der ionische Dialekt muss die Gedichte des Sotades und die ihm vorausgehenden „ionischen“ Gedichte, die von

Alexander dem Ätolier, und Pyres von Milet und Alexis und anderen derselben Klasse zeigen. Der letztgenannte ist als Cinaedologue bekannt . Aber in dieser *Gattung* ist der bedeutendste Schriftsteller Sotades aus Maroneia , wie Karystius von Pergamon in seinem Werk über Sotades und Apollonios, Sotades ' Sohn, der ebenfalls ein Werk über die Gedichte seines Vaters schrieb, feststellt. „Sein Ende war kläglich. Nachdem er Ptolemaios Philadelphus, den König von Ägypten, mit Witzen angegriffen hatte, die für die sensiblen Ohren der Fürsten zu unabhängig waren, ließ der König ihn in einen bleiernen Sarg hüllen und ins Meer werfen."

10 . Wer waren diese „Mägde des Didymus"? Niemand weiß. Da keine plausiblere Annahme vorliegt, kann man sehr wohl vermuten, dass es unter den viertausend Werken, die der Grammatiker Didymus nach Seneca (Brief LXXX.-VIII.) geschrieben hat, eines über die Körperhaltungen lasziver Mädchen gab, das es verdient, als „Seite" bezeichnet zu werden Seite an Seite mit den Abhandlungen von Elephantis . Zweifellos würde ein Mann, der sich so subtilen Fragen widmete, wie etwa, ob Anakreon eher ein Libertiner als ein Trunkenbold war, ob Sappho eine öffentliche Frau war oder nicht, sehr wahrscheinlich über die erotischen Körperhaltungen diskutieren.

11 . Siehe *Bayle's* Dictionary, Artikel: *Pierre Arétin* ; Auch Murrs *Zeitschrift zur Kunstgeschichte* , Bd. XIV., S. 1-72.

12 . *Pierre Bayle* , in seinem Wörterbuch, unter *Pierre Arétin* : „Es gibt einen *Dialog zwischen Maddalena und Giulia* mit dem Titel *La Puttana Errante* (Die wandernde Hure), in dem ausführlich behandelt werden *u. a diversi congiungimenti* (die verschiedenen Arten des Geschlechtsverkehrs) bis zur Zahl fünfunddreißig. Obwohl das Buch immer unter seinem Namen gedruckt wurde, lehnt Aretino es ab und erklärt, es sei das Werk eines seiner Schüler namens Veniero . *Brunet* , Manual du Libraire (Handbuch des Buchhändlers). „Die *Puttana errante* , ein kleines Buch, sehr selten, angesichts der Obszönitäten, die es enthält, Aretino durchaus würdig, das aber fälschlicherweise ihm zugeschrieben wurde. Lorenzo Veniero , ein venezianischer Adliger, ist der wahre Autor. Er veröffentlichte es, um sich an einer venezianischen Kurtisane namens Angela zu rächen, die er unter dem beleidigenden Namen Zaffetta bezeichnet , das heißt im venezianischen Dialekt Tochter eines Polizeispions."

[*Bayle* , *Forberg* und viele andere Autoren haben die *Puttana verwechselt errante* , ein Gedicht von Lorenzo Veniero und eine burleske Parodie auf die Ritterromane, mit dem *Dialog zwischen Maddalena und Giulia* , einem Prosawerk, dem die Elzevirs den dem Gedicht angemessenen Titel gaben. Weder das eine noch das andere ist das Werk von Pietro Aretino. Siehe Anmerkung am Ende von Band. VI. der *Dialogues du divin Pietro Aretino* (Dialoge des göttlichen Pietro Aretino), Paris, Liseux , 1879, 3 Bde. 18° und

London, 1880, 3 Bde. 18°. [Anmerkung der französischen Übersetzung von
Forberg , *Manuel d'Erotologie classique* , Paris, Liseux , 1882.]]

KAPITEL I

DER KOPULATION

UND betrachten wir zunächst einmal , was durch die in die Vulva eingeführte Mentula erreicht wird. Dies dient eigentlich dazu, eine Kopulation herbeizuführen; aber es gibt verschiedene Möglichkeiten, es zu tun. Tatsächlich kann eine Kopulation durchgeführt werden: – der Mann mit dem Gesicht nach unten und der Frau auf dem Rücken, der Mann auf dem Rücken mit der Frau mit dem Gesicht nach unten, der Mann auf dem Rücken mit der Frau, die ihm den Rücken zudreht; der Mann sitzt mit der Frau, die ihm das Gesicht zuwendet, und sitzt mit der Frau, die ihm den Rücken zuwendet; der Mann steht oder kniet, während die Frau ihm das Gesicht zuwendet; er steht oder kniet, während die Frau ihm den Rücken zuwendet. Lassen Sie uns jede dieser Methoden einzeln untersuchen.

Der Koitus mit dem Mann mit dem Gesicht nach unten auf die auf dem Rücken liegende Frau ist die übliche und natürlichste Methode.

Aloysia Sigaea sagt:

„Mir persönlich gefällt der übliche Brauch und die gewöhnliche Methode am besten: Der Mann sollte auf der Frau liegen, die auf dem Rücken liegt, Brust an Brust, Bauch an Bauch, Schambein an Schambein, und ihre zarte Spalte mit seinem starren Speer durchbohren . Was kann man sich in der Tat schöner vorstellen, als wenn die Frau ausgestreckt auf dem Rücken liegt, die willkommene Last des Körpers ihres Liebhabers trägt und ihn zu den zärtlichen Vergnügungen einer ruhelosen, aber köstlichen Wollust erregt? Was gibt es Schöneres, als sich am Gesicht ihres Liebhabers, seinen Küssen, seinen Seufzern und dem Feuer seiner mutwilligen Augen zu erfreuen? Was gibt es Schöneres, als die geliebte Person in die Arme zu schließen und so neue Feuer der Begierde zu entfachen, an verliebten Empfindungen teilzuhaben, die nicht von Alters- oder Gebrechlichkeitsspuren getrübt sind ? Was wäre für die Freude und den Genuss beider günstiger als solche lasziven Bewegungen, die gegeben und empfangen werden? Was wäre im Moment eines wollüstigen Sterbens günstiger, als sich unter der belebenden Kraft brennender Küsse wieder zu erholen? Wer Venus auf der Rückseite zeigt, befriedigt nur einen seiner Sinne, wer das Gleiche von Angesicht zu Angesicht tut, befriedigt sie alle." (Dialog VI.)

Ovid, der Meister der Liebesgeheimnisse, lädt hübsche Frauen ein, vorzugsweise diese Haltung einzunehmen:

„Sehen Sie, wie Sie jeden Ihrer Reize abwägen und Ihre Haltung entsprechend Ihrer Schönheit einnehmen. Ein und derselbe Modus steht nicht jeder Frau. Ihr Gesicht ist besonders attraktiv; dann leg dich auf den Rücken." (*Kunst der Liebe* , III., 771-773.)

Diese Haltung ist keineswegs auf einen Modus beschränkt. Die Frau liegt auf dem Rücken, der Reiter kann sie zwischen seinen Beinen umfassen, oder sie kann ihn zwischen ihren Beinen empfangen. Es kann noch eine andere Position eingenommen werden, je nachdem, ob die Frau mit weit gespreizten Beinen oder mit angehobenen Knien auf dem Rücken liegt.

Es ist diese Position – mit weit gespreizten Beinen auf dem Rücken liegend –, die Caviceo Olympia einnehmen soll, um Liebe zu machen:

> „Ich wünsche dir nicht", sagt er, „dass du dein Gesäß bearbeitest oder mit entsprechenden Bewegungen auf meine Bemühungen reagierst." Ich möchte auch nicht, dass du deine Beine hochhebst, weder beide gleichzeitig noch eines nach dem anderen, wenn ich dich bestiegen habe. Was ich mir von dir wünsche, ist folgendes: Strecke zuerst deine Schenkel so weit auseinander, öffne sie so weit, wie es eine Frau gut kann. Bieten Sie Ihre Vulva dem Glied an, das sie durchbohren wird, und ohne diese Position zu verändern, lassen Sie *mich* die Arbeit vollenden.... Zählen Sie meine Stöße einen nach dem anderen und achten Sie darauf, dass Sie bei der Gesamtsumme keinen Fehler machen" (*Aloysia Sigaea* , Dialog V.).

Würden Sie eine Darstellung davon sehen? Nehmen Sie die Geschichte *Félicia du mes fredaines* , Teil II., Kap. xxv, und schauen Sie sich die Tafel gegenüber dem Text an.

Die andere Position, in der die Frau mit angehobenen Knien liegt, ist die, die Callias Tullia einnehmen lässt :

> „Nachdem ich auf deinem lieben Körper liege", sagt er, „drück mich fest in deine Arme und halte mich so umarmt." Ziehen Sie Ihre Beine so weit wie möglich nach hinten, sodass Ihre hübschen Füße Ihr Gesäß berühren, glatt wie Marmor" (*Aloysia Sigaea* , Dialog VI.).

Wenn Sie die Frau betreten würden, die auf dem Rücken liegt und die Beine in die Luft streckt, kann dies auf eine andere Art und Weise geschehen als Tullias Art und vielleicht noch köstlicher, indem Sie Ihre Herrin so platzieren, dass sie ihre Beine über den Lenden kreuzt ihres Reiters. Eine Darstellung dieser sehr angenehmen Haltung, die das gefühllose Werkzeug eines Hippolytus aufrütteln würde, findet sich in Teil IV. der oben erwähnten *Félicia* . Es gibt eine weitere ähnliche Tafel in Kap. xxi, nicht ohne Charme. Doris, im Epigramm von Sosipator , Bd. I. der *Analecta* von Brunck (S. 584) scheint diese Figur ebenfalls ausprobiert zu haben:

„Als ich Doris mit dem rosigen Hintern auf dem Bett ausstreckte, fühlte ich mich in meiner jugendlichen Kraft unsterblich ; denn sie umschlang mich mit ihren starken Beinen um die Mitte und ritt unbeirrt den langen Weg der Liebe.“

Doris ritt ihn nicht; der Ausdruck „Als ich mich streckte“ zeigt dies; Sie lag auf dem Rücken und umklammerte mit erhobenen Füßen ihren Reiter.

Aber auch hier können die Füße der auf dem Rücken liegenden Frau von anderen hochgehalten werden. Auf diese Weise genoss Aloysio Tullia mit der Hilfe von Fabrizio im VI. Dialog von Aloysia Sigaea , wo Tullia sich wie folgt ausdrückt:

„ Aloysio und Fabrizio kommen auf mich zugerannt. „Hebe deine Beine hoch“, sagt Aloysio zu mir und droht mir mit seinem Entermesser. Ich habe sie hochgehoben. Dann legt er sich auf meine Brust und stößt sein Entermesser in meine immer offene Wunde. Fabrizio hob meine beiden Beine in die Luft, schob eine Hand unter jeden meiner Hinterbacken und bewegte meine Lenden für mich, ohne dass es mir Mühe bereitete. Was für eine einzigartige und angenehme Art, Sie in Bewegung zu bringen! Ich erklärte, ich stünde in Flammen, aber bevor ich meinen Satz beenden konnte, löschte der überströmende Schaum der Venus das Feuer“ [13] .

So war es auch, dass sich Leda mit dem Einverständnis ihres Mannes den herbeigerufenen Ärzten hingab, sei es aus eigenem Antrieb oder mit Hilfe einer anderen, wie Martial die Szene beschreibt:

„Ihrer alten Frau gegenüber hatte Leda erklärt, sie sei hysterisch, und beklagte sich, sie müsse flüchten. .. gecheckt ; Doch unter Tränen und Stöhnen beteuert sie, dass sie sich für diesen Preis keine Gesundheit erkaufen wird, und schwört, dass sie lieber sterben würde. Der Ehemann fleht sie an, in ihrer Jugend und Schönheit zu leben und nicht zu sterben; und erlaubt anderen, das zu tun, was er selbst nicht bewirken kann . Sofort kommen die Ärzte, die Matronen ziehen sich zurück; und die Beine der Frau steigen in die Luft; Oh! Medizin ernst und streng!“ (XI., 72.)

Mit dem Gesicht nach unten zu ihr kann der Mann die Geschäfte der Frau erledigen, während diese halb zurückgelehnt ist, entweder schräg im Bett, auf einem Stuhl oder seitwärts liegend.

Die letztere Position wird von Ovid der Frau mit abgerundeten Oberschenkeln und makelloser Figur empfohlen:

„Wer einen jungen, runden Oberschenkel und einen makellosen Busen hat, sollte immer seitlich zurückgelehnt auf der Couch liegen" [14] (*Art of Love*, II., Vers 781, 782).

Der Kopulation von Angesicht zu Angesicht mit der schräg sitzenden Frau wird von Aloysia beschrieben Sigaea mit ihrer gewohnten Eleganz und Lebhaftigkeit:

„ Caviceo kam fröhlich und freudig" (hier spricht Olympia). „Er beraubt mich meines Hemdes und seine freizügige Hand berührt meine Teile. Er sagt mir, ich solle mich wieder so hinsetzen, wie ich vorher gesessen habe, und stellt einen Stuhl unter beide Füße, so dass meine Beine hoch in die Luft ragten und das Tor meines Gartens den Angriffen, die ich erwartet hatte, weit offen stand. Dann schiebt er seine rechte Hand unter mein Gesäß und zieht mich etwas näher an sich heran. Mit seiner Linken stützte er das Gewicht seines Speers. Dann legte er sich auf mich ... setzte seinen Rammbock an mein Tor, steckte den Kopf seines Glieds in den äußersten Spalt und öffnete die Lippen davon mit seinen Fingern. Aber da blieb er stehen und unternahm eine Zeit lang keinen weiteren Angriff. „Octavia, süßeste", sagt er, „umklammere mich fest, hebe deinen rechten Oberschenkel und lege ihn auf meine Seite." – „ Ich weiß nicht, was du willst", sagte ich. Als er das hörte, hob er mit seiner eigenen Hand meinen Schenkel hoch und führte ihn um seine Lende, wie er wollte; Schließlich trieb er seinen Pfeil in das Ziel der Venus. Am Anfang stößt er mit sanften Schlägen vor, dann schneller und zuletzt mit solcher Wucht, dass ich keinen Zweifel daran hatte, dass ich in großer Gefahr schwebte. Sein Glied war hart wie Horn und er drückte es so grausam hinein, dass ich schrie: „Du wirst mich in Stücke reißen." Er unterbrach einen Moment seiner Arbeit. „Ich flehe dich an, ruhig zu sein, meine Liebe", sagte er, „das geht nur so; ertrage es, ohne mit der Wimper zu zucken." Wieder glitt seine Hand unter mein Gesäß und zog mich näher, denn ich hatte eine Finte gemacht, mich zurückzuziehen, und versetzte mir ohne weitere Verzögerung so schnelle und heftige Schläge, dass ich fast ohnmächtig wurde. Mit heftiger Anstrengung trieb er seinen Speer tief hinein, und die Spitze blieb in der Tiefe der Wunde stecken. Ich schreie ... Caviceo spritzte sein venerisches Exsudat aus , und ich fühlte mich von einem brennenden Regen bewässert ... Gerade als Caviceo nachließ, verspürte ich eine Art wollüstigen Juckreiz, als würde ich Wasser machen; Unwillkürlich zog ich mein Gesäß ein wenig zurück, und in einem Augenblick spürte ich mit größter Freude, wie etwas aus mir herausströmte, das mich köstlich kitzelte. Meine Augen ließen nach, mein Atem ging schwer, mein Gesicht brannte und ich spürte, wie mein ganzer Körper schmolz. "Ah! Ah! Ah! „Mein Caviceo , ich werde in Ohnmacht fallen", schrie ich; „Halte meine Seele – sie entweicht meinem Körper" (Dialog V.).

Schließlich hält Ovid die Konjunktion mit der auf der Seite, insbesondere auf der rechten Seite, liegenden Frau für die einfachste, die den geringsten Aufwand erfordert:

„Es gibt tausend Arten der Liebe; Am einfachsten und am wenigsten mühsam ist es, wenn die Frau auf der rechten Seite liegt" (*Art of Love* , III., 787, 88).

Diese Position ist vor allem für große Frauen am bequemsten:

„Lass sie mit den Knien auf das Bett drücken, den Hals leicht gebeugt, sie, deren größte Schönheit ihre lange, wohlgeformte Flanke ist" (*Art of Love* , III., Vers 779, 80).

Es scheint, dass sich die Phyllis von Martial auf diese Weise verhalten ließ:

„Am Morgen kamen zwei, die bei Phyllis liegen wollten, und jeder wollte unbedingt der Erste sein, der ihren nackten Körper in seinen Armen hielt; Phyllis versprach, sie beide gemeinsam zu befriedigen, und sie tat es; die eine hob ihr Bein, die andere ihre Tunika" (X., 81).

Sie lag auf der Seite; die f... hob ihr Bein; der Päderast seine Tunika.

Wir kommen nun zu der Art und Weise, wie der auf dem Rücken liegende Mann mit der Frau mit dem Gesicht nach unten Kontakt aufnimmt. Die Teile sind vertauscht; Die Frau spielt die Reiterin und der Mann das Pferd. Diese Figur wurde das Pferd von Hector genannt.

Martial sagt:

„Hinter den Türen masturbierten die phrygischen Sklaven, jedes Mal, wenn Andromaché ihr Hector-Pferd bestieg" (XI., 105).

Ovid bestreitet jedoch mit großer Scharfsinnigkeit, dass diese Haltung Andromaché gefallen haben könnte ; Ihre Figur war zu groß, als dass dies für sie angenehm oder überhaupt möglich gewesen wäre. Für kleine Frauen ist es angenehm, so platziert zu sein:

„Eine kleine Frau kann durchaus rittlings auf ihr Pferd steigen; aber so groß und majestätisch sie auch war, bestieg die thebanische Braut nie das hectoräische Pferd" (*Art of Love* , III., Vers 777, 778).

Es ist nicht unsere Aufgabe, diese Frage zu entscheiden.

Auf jeden Fall nimmt Sempronia diese Haltung gegenüber Crisogono ein

.

„Er konnte nicht länger warten: „Bist du ausgezogen", sagte Crisogono . „Nun, meine Sempronia , nimm die Position ein, die mir so viel Freude bereitet, du weißt schon welche." Er streckt sich auf seinen Rücken, sie steigt rittlings auf ihn, ihr Gesicht ist ihm zugewandt, und mit ihrer eigenen Hand führt sie seinen brennenden Pfeil zwischen ihren Schenkeln" (Aloysia Sigaea , Zifferblatt. VII).

Dies ist die gleiche Haltung, die der Sklave bei Horaz der kleinen Hure auferlegt, die:

„... nackt im Licht der Laterne, mit mutwilligen List und mit sich bewegendem Gesäß das Pferd unter sich" (Sat. II. vii, Vers 50).

Was die Matrone anbelangt, von der in Vers 64 derselben Satire die Rede ist: „Sie hat nie *oben gesündigt* ", so passte diese Haltung zweifellos nicht zu ihr. Frauen haben nicht alle den gleichen Geschmack.

Offensichtlich war es ebenso wenig nach dem Geschmack des Mädchens, das Xanthias in Aristophanes' *„Wespen"* (V. 499) bat, ihn zu reiten; denn sie fragt ihn empört und spielt mit der Doppelbedeutung des Wortes (Hippias und ——, ein Pferd), ob er für die Wiederherstellung der Tyrannei des Hippias sei: „Gereizt fragte sie mich, ob ich die Tyrannei des Hippias wieder aufleben lassen wollte ."

Auch in seinen *Lysistrata* (V. 678) weist dieser Meister des frechen Witzes auf dasselbe hin und erklärt, dass das weibliche Geschlecht sehr gut reiten und gern fahren könne: „Die Frau liebt es, aufs Pferd zu steigen und dabei zu bleiben."

Aristophanes verspottet in ähnlicher Weise diejenigen, von denen er in Vers 60 desselben Stücks sagt: „Sie sind an Bord ihrer Barken." „Sie sind auf ihren Ladegeräten montiert." Denn —— bedeutet sowohl ein Schiff als auch ein Pferd. Plango in Asklepiades, Bruncks *Analecta* , Bd. I., 217, betrifft die gleiche Zahl.

Philaenis besiegte , während ihre hesperischen Rennpferde unter ihren Zügeln schäumten."

ist noch erfahrener in dieser Art des Liebesreitens als Philaenis selbst und dankt Venus in diesem Epigramm dafür, dass es ihr gelungen ist, bestimmte hesperianische Galanten, die sie bestiegen hatte, so zu erschöpfen, dass sie sie mit allen mutwilligen Gliedern zurückgelassen hatten hängen und spüren, dass kein Verlangen mehr in ihnen steckt. Männer zu besteigen war auch die Lieblingsbeschäftigung von Lysidicé , die nie müde wurde im Dienst der Venus, von der das folgende Epigramm von Asklepiades handelt:

„Sie hat schon so manches Pferd unter sich geritten, ohne sich bei all ihren flinken Bewegungen die Oberschenkel zu verletzen."

Kurtisanen weihten der Venus eine Peitsche, ein Gebiss, einen Sporn, um zu zeigen, dass sie ihren Klienten gegenüber am liebsten so posieren und dass sie es vorziehen, selbst zu reiten, statt geritten zu werden – nichts weiter.

Es ist dasselbe, als Fotis in Apuleius ihren Lucius mit den Freuden der wogenden Venus sättigte:

> „Als sie dies sagte, sprang sie auf die Couch und setzte sich rücklings auf mich, bewegte ihre Hüften und schüttelte lasziv ihre geschmeidige Wirbelsäule. Sie sättigte mich mit den Freuden der wogenden Venus, bis wir beide erschöpft, kraftlos und mit nutzlosen Gliedmaßen zusammensanken , unsere Seelen in gegenseitiger Umarmung ausatmend" (*Metamorph* ., II., Kap. II).

Die nächste Figur – der auf dem Rücken liegende Mann und die ihm den Rücken zuwendende Frau – wird von Rangoni mit Ottavia unter der Leitung von Tullia ausgeführt :

RANGONI : Schau, wie steif ich stehe! Aber ich möchte das Glück auf eine neue Art ausprobieren.

TULLIA : Auf eine neue Art? NEIN! Ich schwöre bei meiner mutwilligen Seele, dass du das nicht tun wirst. Du sollst keinen neuen Weg einschlagen.

RANGONI : Es war ein Versprecher; Ich wollte eine neue Haltung sagen.

TULLIA : Und was für eine? Ich habe eine Idee ... wie man das Pferd von Hector nennt. Leg dich auf den Rücken, Rangoni ; Lass deinen mächtigen Speer dem Feind standhalten, der durchbohrt werden muss. Gut gemacht!

OTTAVIA : Was muss ich tun, Tullia ?

TULLIA : Klemme Rangoni zwischen deine Schenkel und setze ihn rittlings auf ihn. Sein Entermesser, wenn er daliegt, sollte deine darüber gehaltene Scheide treffen. Warum! Sie haben die Position bewundernswert eingenommen. Exzellent!

RANGONI : Oh! Was für ein Rücken, der Venus würdig! Oh! die elfenbeinfarbenen Seiten! Oh! das einladende Gesäß!

TULLIA : Keine unanständigen Worte! Wer das Gesäß lobt, verleumdet die Vulva! Du weißt es besser, Ottavia ! Ihre gierige Vulva hat dein struppiges Glied ganz verschlungen, Rangoni .

OTTAVIA : Schnell, Rangoni , es kommt!... schnell, schnell, hilf mir!

RANGONI : Ich komme, Ottavia – ich bin gekommen! Bist du? – Bist du, Liebling!

TULLIA : Wie jetzt? Seid ihr beide so schnell fertig? (Aloysia Sigaea , Zifferblatt. VI).

Die pygiatischen [15] Mysterien, zu denen Eumolpos in Petronius (Satires, Kap. cxl) ein junges Mädchen einlädt, beziehen sich auf die Haltung des Mannes, der auf dem Rücken liegt, während die Frau auf ihm liegt und ihm den Rücken zuwendet.

> „Eumolpus zögerte nicht, das junge Mädchen zu den Pygiasien-Mysterien einzuladen, sondern bat sie, sich auf die Güte zu setzen, die ihr bekannt war (das war er selbst, zu dessen Güte die Mutter ihre Tochter empfohlen hatte), und befahl Corax, weiterzumachen seinen Bauch unter das Bett, auf dem er lag, damit er mit auf den Boden gepressten Händen bei seinen Bewegungen die seines Herrn unterstützen konnte. Corax gehorchte und begann mit langsamen Bewegungen, die auf die des jungen Mädchens reagierten. Als die Krise nahte, ermahnte Eumolpos Corax mit lauter Stimme, seine Bewegungen zu beschleunigen. So zwischen seinem Diener und seiner Herrin platziert, vergnügte sich der alte Mann wie auf einer Schaukel.“

Wäre es überraschend, wenn in diesen späteren Mysterien das Glied des Eumolpus möglicherweise einen Fehler begangen hätte und versehentlich eine Öffnung mit der anderen verwechselt hätte?

Sie finden diese Figur in einem Kupferstich dargestellt in dem sehr eleganten Buch von d'Hancarville , *Monuments du culte Secret des Dames Romaines* , Kap. xxv, und Sie werden froh sein, die Notiz zu kennen, mit der der gelehrte Annotator dasselbe begleitet.

> „Diese Haltung trifft den Geschmack vieler Männer, und selbst die Damen empfinden eine gesteigerte Freude daran, sie auszuüben . Es wird vermutet, dass Priapus weiter in das Innere eindringt und dass die Schöne sich durch ihre Bewegungen ein üppigeres Vergnügen und ein üppigeres Trankopfer verschafft.“

Ist es für den Mann bequem möglich, das Geschäft zu leiten, während er der auf dem Rücken liegenden Frau den Rücken zuwendet? Experten müssen entscheiden. Aloysia Sigaea sagt mit gesundem Menschenverstand:

> „Es gibt viele Körperhaltungen, die unmöglich auszuführen sind, selbst wenn man annimmt, dass die Gelenke und Lenden der Kandidaten für die heiligen Freuden der Venus flexibler sind, als man glauben kann. Durch Grübeln und Nachdenken kommen der

Fantasie mehr Ideen in den Sinn, als man praktisch realisieren kann: Nichts ist für die Sehnsüchte eines ungezügelten Willens unvorstellbar; nichts Schwieriges für eine wütende und unkontrollierte Fantasie. Die Liebe wird einen Weg finden; und eine leidenschaftliche, ausgefallene Bergwelt . Nur der Körper ist nicht in der Lage, alles zu befolgen, was der Geist, ob gut oder schlecht, ihm vorschlägt."

In einem anderen Werk von d'Hancarville : *Monuments de la vie privée des douze Césars* , Tafel XXVII., Sie sehen dargestellte Männer, die sitzen und sich mit Frauen paaren, die ihnen gegenüberstehen; Tafel Augustus sitzt: Er greift mit wahrer kaiserlicher Kühnheit rückwärts Terentia [16] an , die Frau des Maecenas, nachdem er sie auf seinen Schoß gezogen hat; Maecenas ist anwesend und schläft – schläft natürlich nur für den Kaiser . Möglicherweise sehen Sie eine ähnliche Haltung in den *Contes et Nouvelles en Verse* von Jean de la Fontaine: Es befindet sich auf der der Erzählung beigefügten Tafel mit dem Titel *Le Tableau* , S. 223, Bd. II., Amsterdam, 1762.

Nichts kommt häufiger vor als eine Konjunktion im Stehen, wobei die Frau dem Mann den Rücken zuwendet; Es ist in der Tat an jedem Ort sehr einfach, es auf diese Weise zu tun, da man nur die Unterröcke der Schönen hochheben und mit der Waffe herausziehen muss; Es ist daher die beste Art und Weise für diejenigen, die eine Gelegenheit sofort nutzen müssen, wenn es darauf ankommt, scharf zu sein, was passieren kann, wenn man sein Vergnügen im Verborgenen genießt. So beklagt sich Priapus über die Frauen und Töchter seiner Nachbarn, die unaufhörlich mit heiklen Gelüsten zu ihm kamen.

> „Schneiden Sie mein Geschlechtsteil ab, das jede Nacht und die ganze Nacht über die Frauen und Töchter meiner Nachbarn für immer und ewig in der Hitze, mutwilliger als Spatzen im Frühling, zu Tode ermüdet – sonst werde ich platzen!" (*Priapeia* , XXV).

Ich erinnere mich an einen Mediziner unserer Zeit, einen der berühmtesten Professoren (ich hätte beinahe seinen Namen ausgesprochen), der, um dies zu betonen, seine Tochter rief und auf das errötende Mädchen zeigte, während seine Zuhörer sich ein Lächeln nicht verkneifen konnten, und sagte: „Dieses Mädchen habe ich stehend erschaffen." Eine Darstellung dieser Position findet sich in den *Monuments de la vie privée de douze Césars* , pl. XLVI., und ein weiteres in den *Monuments du culte Secrets des Dames Romaines* , pl. XIII.

Aber darüber hinaus kann sich ein Mann einer Frau anschließen, die ihm gegenübersteht, indem er sie so stützt, dass ihr ganzer Körper angehoben wird und ihre Oberschenkel auf den Hüften des Mannes ruhen, oder indem er den unteren Teil ihres Körpers anhebt , während der obere Teil auf einer

Couch ruht. Werden Sie Ihre Augen mit einer Darstellung dieser nicht unanmutigen Stellung erfreuen? Wenn ja, sollten Sie sich unbedingt Tafel XXIV der *Monuments du culte Secret des Dames Romaines* und Tafel XL der *Monuments de la vie privée des douze* ansehen *Césars* ; Wenn ich mich nicht irre, hatte Ovid ein Auge auf die eine oder andere dieser Figuren geworfen:

„ Milion stützte Atalantas Beine auf seinen Schultern; Wenn sie schöne Beine haben, sollten sie so gehalten werden" (*Art of Love* , III., Verse 775, 776). Der erstere dieser Modi ist zweifellos der von Aloysia beschriebene Sigaea , ehemalige Herrin dieser Unarten , und mit einer Lebhaftigkeit, Anmut und Eleganz, die keine Wünsche offen lässt:

„La Tour trat sofort vor ... Ich hatte mich auf das Fußende des Bettes geworfen" – (Tullia spricht) – „Ich war nackt; sein Glied war erigiert. Ohne weitere Umschweife ergreift er mit beiden Händen eine meiner Brüste, schwingt seine harte und entzündete Lanze zwischen meinen Schenkeln und ruft: „Sehen Sie, meine Dame, wie diese Waffe auf Sie schießt, nicht um Sie zu töten, sondern um Ihnen das größtmögliche Vergnügen zu bereiten . Beten Sie, führen Sie diesen blinden Bewerber in die dunkle Nische, damit er sein Ziel nicht verfehlt. Ich werde meine Hände nicht von dort entfernen, wo sie sind, ich würde sie nicht der Glückseligkeit berauben, die sie genießen." Ich tue, was er will, ich führe den brennenden Pfeil in die brennende Mitte ; er spürt es, fährt hinein, stößt nach Hause ... Nach ein oder zwei Schlägen spürte ich, wie ich vor unglaublicher Erregung dahinschmolz und meine Knie fast nachgaben. „Halt", schrie ich – „ Halt meine Seele, sie entweicht!" „Ich weiß", antwortete er lachend, „woher ... " Zweifellos möchte deine Seele durch diese untere Öffnung entkommen, die ich besitze; aber ich halte es gut verschlossen." Während er sprach , versuchte er , durch anhalten des Atems die bereits enorme Größe seines geschwollenen Glieds noch weiter zu vergrößern. „Ich werde deine entkommende Seele zurückdrängen", fügte er hinzu und stieß mich immer heftiger an. Sein Schwert bohrte sich noch tiefer ins Fleisch. Indem er seine köstlichen Schläge verdoppelte, erfüllte er mich mit Lustausbrüchen , wobei er so kraftvoll arbeitete, dass er mich mit all seiner Leidenschaft, all seinen lasziven Gelüsten, all seinen Gedanken, seinem ganzen Delirium schwängerte, auch wenn er nicht seinen ganzen Körper in mich eindringen konnte Seele durch seine üppigen Umarmungen. Als er endlich das Herannahen der Ekstase und das Überkochen der Flüssigkeit spürt, schiebt er seine Hände unter mein Gesäß und hebt mich körperlich hoch. Ich leiste meinen Teil; Ich schlinge meine Arme eng um seine Gestalt, meine Schenkel und Beine sind gleichzeitig ineinander verdreht und mit seiner verflochten, so dass ich mich an seinem Hals in der Luft schwebend wiederfand, direkt vom Boden abgehoben; Ich hing also gewissermaßen an einem Haken. Ich hatte nicht die Geduld, auf ihn zu warten, während er fortfuhr, und wieder wurde ich vor Vergnügen ohnmächtig. In den heftigsten Verzückungen konnte ich nicht umhin zu schreien : „ Ich fühle alles ... Ich fühle alle Freuden von Juno, die bei Jupiter liegt." Ich bin im Himmel." In diesem Augenblick ergoss sich La Tour, von Venus und Cupido auf den Höhepunkt der Wollust getrieben, mit einem reichlichen Strom aus seinem Brunnen in den wohligen Raum, der wie Feuer brannte. Die Schlingpflanze klammert sich nicht fester um den Walnussbaum, als ich mich mit meinen Armen und Beinen an La Tour festhalte" (Zifferblatt VI).

Was die letzte Art und Weise betrifft, wie eine Kopulation erreicht werden kann, nämlich der Mann, der mit der Frau halb hochgehoben steht, übt Conrad mit geringfügigen Modifikationen aus.

(TULLIA spricht): „Er öffnete meine Schenkel – ich mag Conrad nicht, obwohl ich keine besondere Vorliebe für ihn habe. Ich habe weder zugestimmt noch abgelehnt. Was ihn betrifft, so stellte er sich eine neuartige Haltung vor, und zwar keineswegs eine schlechte. Ich lag auf dem Rücken; Er hob meinen rechten Oberschenkel auf seine Schulter und fixierte mich in dieser Position , während ich auf das Ereignis wartete, ohne es sehr zu wünschen. Gleichzeitig hatte er meinen linken Oberschenkel entlang seines rechten Oberschenkels gestreckt. Sein Werkzeug bohrte sich in die Wurzel, er begann zu drücken und zu stechen, immer schneller. Was gibt es noch zu sagen? Stellen Sie sich die Schlussfolgerung selbst vor" (Zifferblatt VI).

Schließlich kann ein Mann in eine Frau geraten, die ihm den Rücken zuwendet, wie es bei den Vierbeinern der Fall ist, die keine andere Verbindung zu ihren Weibchen herstellen können, als indem sie sie von hinten besteigen [17] . Einige Experten gehen davon aus, dass eine Frau auf allen Vieren leichter schwanger wird. Lucretius sagt:

„... Von Frauen heißt es, dass sie leichter schwanger werden, wenn sie nach der Art der Tiere niedergelegt sind, da die Organe den Samen am besten aufnehmen können, wenn der Busen gedrückt und die Lenden angehoben sind." (*Von der Natur der Dinge* , IV., Vers . 1259-1262).

Auch Aloysia Sigaea :

„Manche Leute behaupten, dass die von der Natur vorgegebene Art des Liebesspiels diejenige sei, bei der sich die Frau nach der Art der Tiere zum Geschlechtsverkehr anbietet, indem sie sich mit erhobenen Hüften beugt; Die männliche Pflugschar dringt so bequemer in die weibliche Furche ein, und der Samenfluss bewässert das Feld der Liebe ... Die Ärzte sind jedoch gegen diese Haltung; Sie sagen, es sei unvereinbar mit der Beschaffenheit der Teile, die zur Zeugung bestimmt sind." (Wählen. VI.)

Wie dem auch sei, es kommt häufig vor, dass Frauen nicht anders in den Griff zu bekommen sind. Wie sollen sie angesichts eines fettleibigen Mannes und einer ebenfalls fettleibigen oder schwangeren Frau anders vorgehen? Dies ist der Grund, warum, so heißt es, Augustus, nachdem er Livia Drusilla, die geschiedene Frau von Tiberius Nero, geheiratet hatte und bereits im sechsten Monat schwanger war, auf tierische Weise mit ihr in Kontakt stand. Tafel VII der *Monuments de la vie privée des douze Césars* gibt Ihnen einen Einblick in die Haltung der beiden. Aber warum sollten wir Ihnen nicht die Anmerkungen geben, mit denen der gelehrte Herausgeber die Platte erläutert hat? Hier sind sie:

„Diese Drusilla war die berühmte Livia, die Frau von Tiberius Nero, die eine von Antonius' Freunden gewesen war. Augustus verliebte sich heftig in sie und Tiberius überließ sie ihm, obwohl sie damals im sechsten Monat schwanger war. Es wurden viele Witze über den Eifer des Kaisers gemacht, und eines Tages, als sie alle bei Tisch saßen und Livia neben Augustus lag, ging eines dieser nackten Kinder, die Matronen zu ihrem Vergnügen erzogen, auf Livia zu sagte: „Was machst du hier? Dort ist dein Mann", zeigt auf Nero, „da ist er" [18]. Bald darauf wurde Livia eingesperrt, und die Römer sagten offen, dass glückliche Menschen drei Monate nach der Heirat Kinder bekommen, was zu einem Sprichwort wurde. Ein Historiker sagt, dass Augustus aufgrund ihrer Schwangerschaft gezwungen war, seine Frau „nach der Art von Tieren" zu streicheln, und auf diese luxuriöse Haltung spielt der Cameo-Auftritt von Apollonius, dem berühmten Edelsteinschleifer aus der Zeit des Augustus, an . Zwar mag der Zustand, in dem sich Livia befand, diese Haltung notwendig gemacht haben, aber es scheint, dass sie zu allen Zeiten dem Geschmack der Alten entsprach, entweder weil sie diese Haltung als günstig für die Fortpflanzung ansahen, wie Lucretius behauptet, oder weil sie sie fanden eine Verfeinerung der Wollust sein. Die außergewöhnlichsten und am wenigsten natürlichen Haltungen scheinen den Harken schon immer das Vergnügen der Konjunktion zu steigern. Aber man muss zugeben, dass die Vorstellungskraft immer noch die tatsächlichen Möglichkeiten übertrifft."

Einen einzigartigen Grund für die Notwendigkeit, einer Frau rückwärts zu begegnen, nennt Aloysia Sigaea mit ihrer gewohnten Scharfsinnigkeit:

„Zum Vergnügen mag man eine Vulva, die nicht zu weit hinten liegt, so dass sie vollständig von den Schenkeln verdeckt wird; es sollte nicht mehr als 25 bis 25 Zentimeter vom Nabel entfernt sein. Bei der größeren Anzahl von Mädchen geht das Schambein so weit nach unten, dass es leicht als die andere Art des Vergnügens angesehen werden kann. Mit einem solchen Koitus ist es schwierig. Theodora Aspilqueta konnte nicht entjungfert werden, bis sie sich auf den Bauch legte und die Knie an die Seite zog. Vergeblich hatte ihr Mann versucht , mit ihr klarzukommen, während er auf dem Rücken lag, verlor er nur sein Öl" (Dialog VII).

Ovid empfiehlt diesen Weg für Frauen, die anfangen, Falten zu bekommen:

„ Ebenso steigst du, deren Bauch Lucina von Falten gezeichnet hat, von hinten auf, wie der fliegende Parther mit seinem Ross" (*Kunst der Liebe* , III., Vers 785, 86).

Denselben Rat scheint er auch kurz zuvor gegeben zu haben:

„Lasst die hinter sich sehen, deren Rücken sichtbar sind" (V. 774).

Aber abgesehen von der Notwendigkeit ist es eine Tatsache, dass Frauen auf diese Weise aus reiner Laune gearbeitet werden, weil die Abwechslung das größte Vergnügen bietet. Aus diesem Grund lässt Tullia zu, dass Fabrizio sie in Aloysia so behandelt Sigaea :

„Als Aloysio aufstand" (Tullia spricht) „macht sich Fabrizio für einen weiteren Angriff bereit. Sein Glied ist geschwollen, rot und bedrohlich. „Ich flehe Sie an, meine Dame", sagt er, „drehen Sie sich auf Ihr Gesicht." Ich tat, was er wollte. Als er mein Gesäß sah, weißer als Elfenbein und Schnee, „Wie schön bist du!" er weinte. „Aber erhebe dich auf die Knie und beuge deinen Kopf nach unten." Ich neige meinen Kopf und meine Brust und hebe mein Gesäß. Er stieß seinen schnellen und feurigen Pfeil auf den Grund meiner Vulva und nahm eine meiner Brustwarzen mit beiden Händen. Dann begann er ein- und auszuarbeiten und sandte bald einen süßen Bach in die Höhle der Venus. Auch ich verspürte unaussprechliche Freude und wäre vor Geilheit fast ohnmächtig geworden. Eine überraschende Menge Samen, die von Fabrizios Lenden abgesondert wurden, erfüllte und erfreute mich; ein ähnlicher Fluss von mir erschöpfte meine Kräfte. Bei diesem einzigen Angriff verlor ich mehr Kraft als bei den drei vorhergehenden" (Dialog VI.) [19] .

Diese Kopulation von hinten ist auf eine andere sehr angenehme Weise möglich, von der eine hervorragende Reproduktion im *Monument du culte Secret des Dames Romaines* , Tafel XXVIII, zu sehen ist. Dargestellt ist eine Frau mit auf den Boden gelegten Händen, während der untere Teil des Körpers angehoben und an Schnüren aufgehängt ist; Sie dreht dem Mann, der dasteht, den Rücken zu. Dies scheint weitgehend die gleiche Position zu sein, die auch die Frau des Handwerkers einnahm, von der Apuleius in seinen *Metamorphosen* (Buch IX) spricht: „Der Liebhaber beugte sich über sie und hobelte mit seiner Dechsel, während sie sich über ein Fass beugte." " Ein Stich, der diese geniale Haltung zeigt, ist der Geschichte von *The Tub* in den *Contes et Nouvelles en beigefügt Verse* von Jean de La Fontaine, Bd. II., S. 215.

FUSSNOTEN - DER KOPULATION

<u>13</u>. Diese Methode war zur Zeit des Aristophanes nicht unbekannt, wie aus der folgenden Passage des *Friedens* hervorgeht :

> „Damit ihr alsbald die Beine des Mädchens erhebt und hoch in der Luft die Geheimnisse vollbringt" (V. 889, 890).

Und in den *Vögeln* sagt er:

> „Für dieses Mädchen, deine erste Botin, warum! Ich werde ihre Beine hochheben und zwischen ihren Schenkeln Platz nehmen" (V. 1254, 55).

<u>14</u>. In einigen Büchern findet der Leser noch eine weitere Zahl: „Der Mann soll stehen, während die Frau seitlich auf dem Bett liegt."

<u>15</u>. Von ——— Gesäß.

<u>16</u>. Dio Cassius, LIV., 19: „Er liebte sie so sehr, dass er sie eines Tages mit Livia verglich, um herauszufinden, welche von beiden die Schönste sei." Es war keine schlechte Idee, sie in einen solchen Kampf zu verwickeln, aber glauben Sie, er ließ zu, dass sie diesen Kampf in einem anderen Kostüm austrugen als dem, in dem sich die drei Göttinnen vor den benommenen Augen von Paris präsentierten?

<u>17</u>. Plinius hat dies ausführlich in seiner *Naturgeschichte behandelt* (Buch X., Kap. 63).

<u>18</u>. Vergleiche Dio Cassius, bk. XLVIII., Kap. 44.

<u>19</u>. Das Ding selbst ist sehr alt; Aristophanes spielt im *Frieden darauf an* :

> „Auf der Erde ringen, auf allen Vieren stehen" (V. 896).

Und in den *Lysistrata* :

> „Ich werde nicht hocken wie eine Löwin, die auf einem Messergriff geschnitzt ist" (V. 231).

KAPITEL II

ÜBER PEDIKATION

So viel zum Thema Kopulation auf normale Weise. Wir werden nun eine andere Art der Lust besprechen , nämlich die durch die Einführung des Gliedes in den Anus. Ein Mann, der sein Glied im Anus, sei es eines Mannes oder einer Frau, ausübt, pediziert ; er wird Päderast, Pedicon , Drawk [20] genannt , und die andere Partei, die sich auf diese Weise überfallen lässt, wird Patient, Cinaedus , Catamite [21] , Diener, Verweichlichter genannt; wenn er erwachsen oder abgenutzt ist, wird er Exolet genannt. Das männliche Vergnügen (so genannt, weil Frauen sich viel seltener pädizieren ließen als Männer) wird von der aktiven Partei, dem Pedikon , gleichermaßen geschätzt wie von der passiven Partei, dem Patienten. Das Vergnügen des Pedicons ist leicht zu verstehen, da das Vergnügen des männlichen Mitglieds in der Intensität der Reibung besteht; Das Vergnügen, das der Patient empfindet, wenn er das Glied in seine Eingeweide einführt, ist schwieriger auszumachen – zumindest für meinen schwachen Verstand, denn solche Praktiken sind mir ziemlich fremd. Glauben Sie jedoch nicht, dass das Vergnügen des Patienten nur zweitrangig ist, noch dass er sich nur prostituiert, um danach selbst dasselbe zu tun, noch dass er auf diese Weise die Trägheit seines eigenen Gliedes durch die kräftige Arbeit seines Gliedes heilt Der Nerv eines anderen Mannes verursacht ein angenehmes Kitzeln des Hinterteils, analog zu dem, von dem Antonius Panormitanus (*Hermaphroditus* , I., 20) sagt, dass es durch Einführen der Finger in den Anus [22] oder noch besser durch Schlagen desselben erzeugt werden kann Lokalität mit Stäben, laut Aloysia Sigaea :

> „Unter den Männern unseres Bekanntenkreises habe ich den Marquis Alfonso sagen hören, dass Ruten als Ansporn für den Liebeskampf dienen; ohne sie wäre er träge und machtlos. Er lässt sich kräftig mit Stäben den Hintern auspeitschen, während seine Frau dabei ist und bereit auf dem Bett liegt. Während der Geißelung beginnt sich sein Werkzeug zu versteifen, und je heftiger die Schläge sind, desto stärker ist die Spannung. Wenn er sich in der richtigen Verfassung fühlt, stürzt er sich auf seine Frau, bearbeitet sie mit schnellen Bewegungen, überschüttet sie mit den himmlischen Gaben der Venus und gewinnt alle Freuden, die ein Mann in der Liebe finden kann" [23] (Dialog V).

Was sonst war es, was Rousseau, das frühreife Genie von Genf, und sein junges Mitglied so sehr bewegte und ihm solche Ideen in den Sinn brachte, als bei einer Gelegenheit Mademoiselle. Lambercier , der mit der Peitsche auf das Gesäß des Kindes knallte, verhängte die Strafe, nach der er sich später für den Rest seines Lebens sehnte? Hören Sie, wie er den Umstand selbst in seiner fröhlichen Art und mit seinem gewohnten Charme des Stils im ersten Buch der *Bekenntnisse erzählt* ; Wir lassen nur Kleinigkeiten weg, die der unsterbliche Autor zur Verstärkung der Erzählung hinzugefügt hat:

„Als Mlle. Lambercier empfand für uns die Zuneigung einer Mutter, also hatte sie die Autorität einer Mutter, und sie trieb diese so weit, uns die Strafe von Kindern aufzuerlegen, obwohl wir sie verdient hatten. Sie benutzte lange Zeit nur Drohungen, und eine solche Androhung einer neuartigen Strafe kam mir sehr schrecklich vor; Aber nach der Hinrichtung fand ich das Erlebnis weniger schrecklich als die Erwartung, und das Seltsamste war, dass die Strafe mich gegenüber ihr, die sie verhängt hatte, parteiischer machte als zuvor. Tatsächlich brauchte ich all diese Zuneigung zu ihr und all meine natürliche Milde, um mich davor zurückzuhalten, die gleiche Strafe zu provozieren, indem ich sie verdiente, denn ich hatte sie im Schmerz und sogar in der Scham gefunden , ein gemischtes Gefühl, in dem die Sinnlichkeit vorherrschte und das in mir mehr Verlangen als Angst hervorrief, die gleiche Behandlung noch einmal von derselben Hand zu erleben. Wer würde glauben, dass diese Züchtigung eines achtjährigen Kindes durch die Hand einer dreißigjährigen Jungfrau meinen Geschmack, meine Sehnsüchte, meine Leidenschaften für den Rest meines Lebens beeinflusst haben sollte? Gequält von, ich weiß nicht was, weidete mein Auge leidenschaftlich an gut aussehenden Frauen; Sie kamen mir ständig in den Sinn, wie sie mich als Mlle behandelten. Lambercier hatte es getan. Da ich mir nur vorstellte, was ich erlebt hatte, gingen meine Wünsche nicht über das üppige Gefühl hinaus, das ich bereits kannte. In meinen törichten Fantasien, in meiner erotischen Wut, in den extravaganten Taten, zu denen sie mich manchmal anspornten, nahm ich in meiner Fantasie die Hilfe des anderen Geschlechts in Anspruch, ohne jemals zu träumen, dass sie für irgendeinen anderen Zweck nützlich wäre als den, den ich nutzen wollte Es. Als ich im Laufe der Zeit zum Mann herangewachsen war, verband sich mein alter Kindheitsgeschmack so sehr mit dem anderen, dass ich die Wünsche, die meine Sinne erregten, nie ablenken konnte; und diese Absurdität, verbunden mit meiner natürlichen Schüchternheit, machte mich immer alles andere als unternehmungslustig im Umgang mit Frauen, da ich nicht wagte, alles zu sagen oder nicht alles tun konnte, was ich wollte; Die Art des Genusses, von dem der andere für mich nur das letzte Stadium war, konnte weder von demjenigen initiiert werden, der sich danach sehnte, noch von dem anderen erraten werden, der ihn hätte gewähren können. So bin ich begehrend durchs Leben gegangen, habe es aber nicht gewagt, den Menschen, die ich am meisten liebte, zu sagen, was ich begehrte. Ich war nie mutig genug, meine Neigung zu bekunden, und die Ideen, die damit in Zusammenhang standen, machten mir zumindest Spaß. Man kann ermessen, was mich solche Bekenntnisse gekostet haben müssen, wenn man bedenkt, dass mein ganzes Leben lang, in der Gegenwart meiner Lieben, von der Wut einer Leidenschaft erfasst wurde, die mich meiner Stimme, meinem Gehör und meinem Sinn beraubte und mich krampfhaft am ganzen Körper zittern ließ, Ich könnte es nie wagen, ihnen meine Torheit zu sagen und sie zu bitten, die eine Vertrautheit, die ich wollte, zu den anderen hinzuzufügen. Ich bin in meiner Kindheit nur einmal dazu gekommen, mit einem anderen Kind in meinem Alter, und der Vorschlag kam von ihr.“

Doch zurück zu unserem eigentlichen Thema, von dem wir abgewichen sind. Wenn man sich das von der passiven Partei empfundene Vergnügen nicht von einer Art vorstellen kann, die über den Anus an die Mentula (Mitglied) übermittelt wird, müssen wir zu dem Schluss kommen, dass der *Patient* im Anus die gleiche Art von Reizung erfährt wie der andere Parteigefühle in seinen Genitalteilen; dass der *Patient* daher an diesem Ort ein echtes Vergnügen verspürt, das denen unbekannt ist, die es nicht ausprobiert haben [24]. Martial jedenfalls äußert sich ohne Umschweife zu dieser Furche im Anus:

> Carinus kein Rest geblieben ; trotz allem steckt er bis zum Nabel in der Spur. Oh! dieser skorbutartige Haufen von Elenden! Unten hat er keine, aber er *wird* ein Cinede sein “ (VI., 37).

Eine Begeisterung dieser seltsamen Art erfasste sogar Tullia , wie sie auf den Seiten von Aloysia bekennt Sigaea :

> „Da der Widerstand vergeblich war, gab ich den Verrückten nach. Aloysio beugt sich über mein Gesäß, bringt seinen Speer zur Hintertür, klopft, stößt, stürmt schließlich mit gewaltiger Anstrengung herein. Ich stöhnte. Sofort zieht er seine Waffe aus der Wunde, stößt sie in die Vulva und spritzt eine Flut von Sperma in die mutwillige Furche meiner Gebärmutter. Als alles vorbei war, greift Fabrizio mich auf die gleiche Weise an. Mit einem schnellen Stoß führte er seinen Speer ein und ließ ihn im Handumdrehen in meinen Eingeweiden verschwinden; eine kurze Zeit lang spielt er ein Kommen und Gehen, und so wenig glaubwürdig es auch klingen mag, fühlte ich mich von einer lüsternen Wut in einem solchen Ausmaß erfasst, dass ich keinen Zweifel habe, dass ich mich sehr gut daran gewöhnen würde, wenn ich wollte “ (Dialog VI).

Coelius Rhodiginus bestätigt diese Gierigkeit des Anus in Kap. 10. von XV. Buch seiner *Lectiones Antiquitäten* .

„Wir wissen“, sagt er, „dass die Schergen eine sehr große Freude an dieser beschämenden Tat haben.“

Und er nennt einen Grund dafür, ob gut oder schlecht die Ärzte entscheiden mögen: „Bei Menschen, deren Samenleiter nicht in normalem Zustand sind, sei es, dass diejenigen, die zur Mentula führen, gelähmt sind , wie es bei Eunuchen und dergleichen der Fall ist, oder aus irgendeinem anderen Grund fließt die Samenflüssigkeit zurück zu ihrer Quelle. Wenn diese Flüssigkeit sehr reichlich vorhanden ist, sammelt sie sich in großen Mengen an, und dann sehnt sich der Teil, in dem sich das Sekret ansammelt, nach Reibung. Die Menschen stehen also über allem, um die Rolle der *Patienten zu spielen* .“

Wie dem auch sei, nichts ist sicherer als die Tatsache, dass der *Patient eine solche Freude hat* . Die römischen Cinedes schätzten ein steifes Glied zwischen ihrem Gesäß so sehr , dass sie keine große Mentula sehen konnten, ohne dass ihnen das Wasser im Mund zusammenlief; Sie waren bereit, ihren letzten Cent zu geben, um die Gunst eines auf diese Weise außergewöhnlich begabten Mannes zu genießen.

Juvenal, IX., V. 32-36:

> „Das Schicksal regiert den Menschen; es beeinflusst die Teile, die die Toga bedeckt. Wenn dein Stern verblasst, wird die Länge und Stärke deines Gliedes für dich nutzlos sein – selbst wenn Virro dich nackt mit tränenden Lippen gesehen hat.“

Martial, I., 97:

> „Er möchte wissen, warum ich denke, dass er ein Diener ist? Wir baden zusammen; er erhebt nie den Blick, sondern starrt die Sodomiten mit verzehrenden Blicken an; und er kann ihre Glieder nicht sehen, ohne dass seine Lippen zittern.“

Und noch einmal II., 51:

> „Oft hast du nicht mehr als einen einzigen Penny in deiner Schachtel, und dieser Penny ist abgenutzter als dein Anus, Hyllus; Doch weder der Bäcker noch die Weinhandlung werden es haben, sondern irgendein Mann, der ein riesiges Glied hat. Dein unglücklicher Bauch muss nach deinem Anus hungern; während der Letztere verschlingt, verhungert der Erstere.“

Es ist daher nicht verwunderlich, dass die öffentlichen Bäder von Beifall erfüllt wurden, wenn Männer mit außergewöhnlichen Mitgliedern sie betraten.

Martial, IX., 34:

„Wenn du in der Badehalle Händeklatschen hörst, Flaccus , kannst du sicher sein, dass dort das riesige Glied einer deformierten Person ist."

Juvenal, VI., V. 373, 374:

„Von weitem gesehen und mit dem Finger aller Männer auf ihn gezeigt, betritt er die Bäder."

Die Patienten übten ihre Aufgaben nicht ohne Kunst aus. Aber ihr Geschäft bestand aus diesen beiden Hauptanforderungen: der Haarentfernung und dem Wissen, wie man die Hüften benutzt.

Die Patienten achteten zunächst darauf, die Haare an allen Körperstellen sorgfältig zu entfernen [25] ; von den Lippen, Armen, Brust, Beinen, den männlichen Teilen und insbesondere vom Altar der passiven Lust, dem Anus: Martial, II., 62:

„Zupfen Sie die Haare aus der Brust, den Beinen und den Armen. Halten Sie Ihr Glied kurz geschnitten und mit kurzen Haaren beringt. Wir wissen, dass du das alles um deiner Herrin willen tust, Labienus . Aber für wen enthaaren Sie Ihre Gesäßmuskeln?"

Und IX., 28:

„Während du, Chrestus , so erscheinst, mit völlig unbehaarten Körperteilen, mit einer Mentula wie der Hals eines Geiers und einem Kopf, der so glänzend ist wie der Hintern einer Prostituierten, ohne dass ein Haar an deinem Bein zu sehen ist, und mit deinen blassen Lippen, ganz geschoren und nackt, Sie sprechen von Curius , Camillus, Numa , Ancus , von all den haarigen Helden, von denen wir jemals in der Geschichte gelesen haben, und stoßen große Worte und Drohungen gegen Theater und Zeit aus. Wenn nur ein großgliedriger Mann in Sicht kommt, rufen Sie ihn mit einem Nicken und nehmen Sie ihn ab ..."

Und er sagt, IX., 58:

„ Nichts ist schlimmer abgenutzt als die Lumpen von Hedylos , außer einem (er kann es selbst nicht leugnen): sein Anus; – dieser ist schlimmer abgenutzt als seine Lumpen."

In ähnlicher Weise hat er zuvor davon gesprochen, dass der Anus des Hyllus durch Reibung stärker abgenutzt sei als der letzte Penny eines armen Mannes (II., 51), und Suetonius (*Leben des Otho* , Kap. xii) spricht in ähnlicher Weise über den Körper des Otho. den Gewohnheiten eines Katamiten ergeben, und Catullus (Karm . 33) wirft dem jüngeren Vibennius vor : „Du konntest deinen behaarten Hintern nicht für einen Doit verkaufen."

Aus dem gleichen Grund forderte *Galba* Icelus auf , sich enthaaren zu lassen, bevor er ihn beiseite nehmen sollte. Suetonius, Galba, Kap. xxii:

> „Er war dem Verkehr zwischen Männern sehr zugetan, und unter diesen bevorzugte er Männer im reifen Alter, Exolets . Es heißt, als Icelus , einer seiner alten Bettgenossen, nach Spanien kam, um ihn über Neros Tod zu informieren, gab er sich nicht damit zufrieden, ihn vor allen Anwesenden innig zu küssen , sondern bat ihn, sich sofort enthaaren zu lassen, und nahm ihn dann beiseite er ganz allein."

Darüber hinaus enthaarten sogar diejenigen ihren Anus, die mit einer rauen Haarpracht und einem struppigen Bart die Ernsthaftigkeit der antiken Philosophen nachahmen wollten. Martial, IX., 48:

> „Demokrit und Zeno und der zweideutige Platon – all die Weisen, deren Porträts wir mit struppigem Haar geschmückt sehen – Sie schwören; Sie könnten durchaus der Erbe und Nachfolger von Pythagoras sein; während von Ihrem eigenen Kinn ein nicht minder imposanter Bart hängt. Aber als bärtiger Mann ist es eine Schande für dich, ein starres Glied zwischen deinen glatten Hintern zu bekommen."

Juvenal, II., Vers 8-13:

> „Vertraue nicht auf Gesichter; Überall grassiert die Ausschweifung! Du würdest die Bösen auspeitschen; Du! Du! – der berüchtigtste aller sokratischen Diener! Behaarte Gliedmaßen und rauhes Haar entlang der Arme zeugen von einer feurigen Seele; aber an deinem glatten Anus schneidet der Chirurg die geschwollenen Tumore weg , dabei ein Grinsen im Gesicht."

Persius , IV., V. 37, 38:

> „Sag mir, wenn du dir einen duftenden Bart auf die Wangen kämmst, warum ragt dann ein rasiertes Glied aus deiner Leistengegend hervor?"

Aus diesem Grund riet Martial, VI., 56 Charidemus, sich das Gesäß enthaaren zu lassen, damit er für einen *Patienten* und nicht für einen *Fellator gehalten werden könne* :

> „Weil deine Schenkel voller grober Haare sind und deine Brust struppig ist, denkst du, Charidemus , deine Worte der Nachwelt zu hinterlassen."

> „Glauben Sie mir, reißen Sie die Haare am ganzen Körper aus und lassen Sie sich die Enthaarung Ihres Gesäßes bescheinigen. Wozu? du

fragst. Du weißt, dass sie viele Geschichten über dich erzählen; lass sie glauben, Charidemus , dass du geduldig bist . "

Es waren nicht nur *Patienten* , die sich enthaaren ließen; Männer, die ein müßiges, sorgloses Leben führten, folgten der gleichen Praxis [26] .

> „Sich enthaaren zu lassen, sich die Haare in Lockenreihen kleiden zu lassen, sich in den Bädern übermäßig zu spülen – diese Praktiken sind in der Stadt vorherrschend; Dennoch kann man nicht sagen, dass sie üblich sind, denn nichts davon ist frei von Tadel" (Quintilian, *Instit . orat* . , I., 6).

Es ist ziemlich überraschend, dass derselbe Quintilian, dessen Galle durch lockiges Haar aufgewühlt wird, geduldig durchgehen ließ, dass Frauen zusammen mit Männern baden sollten:

> „Wenn es ein sicheres Zeichen von Ehebruch ist, wenn eine Frau mit Männern badet, warum? Es wäre Ehebruch, mit jungen Freunden männlichen Geschlechts zu essen und einen männlichen Freund zu haben. Man könnte genauso vernünftig sagen, dass ein enthaarter Körper, ein träger Gang, ein frauenhaftes Gewand sichere Zeichen von Weiblichkeit, von mangelnder Männlichkeit sind; denn dies wird vielen als Zeichen der Unmoral des Charakters erscheinen" (*ebd.* , V., 9).

Martial, II., 39 hat auch nicht nur einmal die Gewohnheiten jener Männer bemerkt, die weibliche Toilettenkünste praktizierten und aussahen, als kämen sie aus einer Schachtel:

> „Rufus, siehst du den Mann dort auf den ersten Bänken ... dessen geölte Locken den ganzen Laden von Marcelianus ausstrahlen und dessen polierte Arme glänzen, ohne dass ein Haar zu sehen ist?"

Erneut sagt er, V., 62:

> „... Wer ist dieser Crispulus , dessen Beine nicht durch ein einziges Haar entstellt sind?"

Selbst der große Cäsar verschmähte diese Koketterie nicht, Suetonius, Kap. 45:

> „Er achtete zu sehr auf sein Aussehen, bis er sich nicht nur den Bart mit einer Zange entfernen und mit einem Rasiermesser rasieren ließ, sondern sich sogar enthaaren ließ, wofür man ihm die Schuld gab."

Dieser Brauch steht im Zusammenhang mit jenen samnitischen Vasen, die mit Kolophonium und Pech gefüllt waren und zum Enthaaren und Erweichen des Pechs erhitzt wurden. Sie befanden sich in den Besitztümern von Commodus und wurden auf Befehl von Pertinax öffentlich versteigert. Julius Capitolinus spricht von ihnen (*Pertinax* , 8). Zum Entfernen der Haare wurden tatsächlich entweder Pinzetten oder eine Salbe namens Dropax oder Psilothrum verwendet . Martial erwähnt die Verwendung von Pinzetten im zuvor zitierten Epigramm (IX., 28); von Dropax oder Psilothrum spricht er in Buch III., 74:

> „Du enthaarst dein Gesicht mit Psilothrum und deinen Kopf mit Dropax .“

Und noch einmal VI., 93:

> „Sie belebt ihre Jugend mit Psilothrum .“

Und X., 65:

> „Du reibst dich jeden Tag mit Dropax ein .“

Das Dropax oder Psilothrum wurde durch Schmelzen von Kolophonium in Öl gewonnen (Plinius, *Naturgeschichte* , XIV. 20):

> „Kolophonium löst sich in Öl auf, und ich schäme mich zu sagen, dass die ehrlichste Verwendung dieser Mischung darin besteht, den Menschen als Enthaarungsmittel zu dienen.“

Aëtius erwähnt es auch in Buch III., Kap. cxc, seines *Opus Medicum* :

> „Das einfachste Dropax ist das sogenannte Pitchpflaster . Trockenes Pech wird mit Öl verdünnt; Es wird heiß auf die Haut aufgetragen, die zuvor sauber rasiert werden muss, wobei es gut haftet. Bevor das Pflaster ganz erkaltet ist, wird es abgenommen, erneut erwärmt und erneut aufgeklebt; Auch hier wird es vor dem Erkalten herausgenommen und dieser Vorgang mehrmals wiederholt.“

Daher Juvenals „Jugend durch Pech“ (VIII., 114) und

> „Die Schenkel vernachlässigt und schmutzig mit Haarbüscheln“ von Nævolus , zu dem er sagt:

> „Deine Haut hat nichts mehr von dem Glanz, den ihr einst das gut bestrichene Pflaster mit heißem Pech verliehen hat“ (Sa. IX., 13-15).

Was meint Martial sonst noch, wenn er (III., 74) von „ Gargilanus ' Nägeln spricht, die nicht mit Pech beschnitten werden können“?

Persius (IV., 37-41) hat, wie ich vermute, beide Arten der Enthaarung miteinander verbunden:

> „ Sagen Sie mir, wenn Sie einen duftenden Bart über Ihre Wangen kämmen, warum ragt dann ein rasiertes Glied aus Ihrer Leistengegend

hervor? Auch wenn fünf starke Männer Ihre Plantage jäten und Ihr angekochtes Gesäß mit der Hakenpinzette bearbeiten, sage ich Ihnen, dass es keinen Pflug gibt, der dieses widerspenstige Feld zähmen kann!"

Hier ist *Pinzette* dasselbe wie *Volsella* (Pinzette); während sich „parboiled buttocks" auf den heißen *Dropax* zu beziehen scheint . Nach dem Auftragen eines solchen Pflasters musste die Haut ein gekochtes Aussehen haben.

Ausonius (*Epigr* . CXXXI.) spielt auf diese Passage von Persius an :

> Dropax glätten, ist, dass eine weiche und glatte Haut die Huren verführt, die sich selbst glatt gerupft haben. Aber dass du das Kraut von deinem vorgekochten Hintern pflückest und deine ramponierten Clazomenae mit Bimsstein aufpolierst , was bedeutet das, wenn nicht das Laster von Mann mit Mann in dir wirkt und du eine Frau hinten und ein Mann vorne bist? ."

Bei den *Clazomenae* handelt es sich zweifellos um das schlaffe und rissige Gesäß des Mannes, wie es bei *Patienten* der Fall sein wird, wie bei Carinus , den Martial, XI., 37 für „seinen zerrissenen Anus" verantwortlich macht. Ausonius nennt sie so aus dem Griechischen, auf Lateinisch „ frango " (ich breche) und spielt damit mit dem Namen einer Stadt. Gonzalvo der Cordevaner macht ein ähnliches Wortspiel, als er, um zu pedizieren , sagt, er wolle nach Aversa gehen; auch wenn er den Mund reizen möchte, sagt er: „Ich gehe in den Orient", oder wenn er im Begriff ist, die Vulva zu lecken, auf lateinisch *ligurire* : „Ich gehe nach Ligurien." Indem Ausonius die Clazomenae als „gehämmert" (ramponiert) bezeichnet, meint er damit, dass sie so waren, als wären sie mit einem Hammer poliert worden, indem sie als Amboss gedient hätten. Es ist, als ob meine Landsleute im Scherz über einen Glatzkopf (auf Deutsch *Kahl*) sagen würden: „Er kratzt sich an seinem polierten Kehl ." Was könnte klarer oder witziger sein? Forcellini hat daher Unrecht, wenn er sagt, dass diese Passage von Ausonius keinen Sinn hat. Andere Herausgeber verwenden *Inclusas* anstelle von *Incusas* , was auf die Spalte hinweist, die die Gesäßbacken trennt und durch deren Rundungen sie auf beiden Seiten geschlossen ist. Aber in erster Linie könnten die Clazomenae durchaus die Gesäßbacken sein, da sie gespalten sind, wenn auch nicht in Wirklichkeit sie selbst eine Spalte; Zweitens, wer hätte sich vorstellen können, dass dieser elende Mann die Gesäßspalte und nicht das Gesäß selbst enthaarte?

Einige Personen beschäftigten aus raffiniertem Luxus Frauen mit der Enthaarung. Solche Frauen nannten sich *ustriculae* (von *urere*, „brennen"), *da sie ein klebriges Pflaster aus kochendem* Dropax verwendeten, um die Haare an den Beinen und anderen Körperteilen zu verbrennen. Tertullian (*De Pallio* , Kap. 4) sagt: „So verweichlicht, dass man *Ustriculae* einsetzt "; während Salmasius die Passage spielerisch kommentiert, S. 284, erklärt: „Einst dienten *Ustriculae* zur Enthaarung der Beine; Jetzt dienen sie dazu, unseren Geist zu belästigen." Augustus, der laut Sueton „die Angewohnheit hatte, seine Beine mit brennenden Nussschalen zu versengen, damit das Haar seidiger wurde " (*Augustus*, Kap. 68), nutzte zweifellos die flinken Hände dieser *Ustriculae*.

Frauen griffen ebenfalls zur Enthaarung [27], da sie das Fell des Schambeins als etwas Ekelhaftes betrachteten. Kampfsportlich:

> „... Noch nicht einmal einer von den Töpfen deiner Mutter voller fauligem Kolophonium, wie sie die Frauen der Vorstädte benutzen, um sich dabei zu enthaaren" (XII., 32).

So wie Männer Frauen anstellten, um sie von den Haaren zu befreien, so boten Frauen für das gleiche Amt den Männern ohne Scham ihre Schamhaare an. Da steigt bei Plinius die Galle in die Höhe (*Nat. Hist.*, XXIX., 8): „Frauen haben keine Angst, ihr Schambein zu zeigen. Es ist nur allzu wahr, nichts verdirbt die Manieren mehr als die Kunst des Mediziners."

Die Kaiser selbst ließen sich herab, dieses Amt für ihre Konkubinen zu übernehmen.

Sueton, *Domitian*, Kap. 22:

> „Es wurde gemunkelt , dass er seine Konkubinen gern selbst enthaarte und inmitten einer Menge der berüchtigtsten Kurtisanen badete."

Lampridius , *Heliogabalus* , Kap. 31:

> „In seinen Bädern war er immer mit den Frauen zusammen, und er machte ihre Toiletten mit Psilothrum : Er benutzte Psilothrum ebenfalls für seinen Bart und, was widerlich ist, das Gleiche, was die Frauen gerade benutzt hatten. Mit seiner eigenen Hand rasierte er das Vlies vom männlichen Teil seiner Pedikone ab und rasierte sich dann seinen eigenen Bart."

Was Lampridius so abstoßend findet, ist, dass der Kaiser nicht zögerte, die gleiche Salbe auf seinen Bart aufzutragen, die die Frauen gerade als Pflaster auf das Schambein aufgetragen hatten, und die er sofort und noch bevor der üble Geruch verflogen war, auftrug.

Patienten zurückzukommen : Es fehlte ihnen auch nicht an berühmten Liebhabern, die sich darum kümmerten, sie zu enthaaren; Ein Beispiel hierfür finden wir bei Kaiser Hadrian, laut Spartanus , der sagt: Kap. 4:

> „Dass er die Freigelassenen Trajans korrumpierte, die Toilette für seine Schergen herstellte und sie oft enthaarte, während er dem Hof angehörte, wird allgemein angenommen."

Auf welche andere Weise können wir glauben, dass Hadrian die Toilette dieser Schergen gemacht hat, wenn nicht auf die gleiche Weise, wie Heliogabalus die Toilette seiner Frauen mit Psilothrum gemacht hat , zumal hinzugefügt wurde, dass er sie häufig enthaarte? Wir können davon ausgehen, dass er diese Salbe verwendet oder ihre Gesichter mit angefeuchtetem Brot eingerieben hat, entweder um ihre Haut zu verbessern oder um den Bartwuchs zu verhindern. Suetonius, *Otho* , Kap. 12:

> „Er rasierte sich jeden Tag das Gesicht und rieb es mit feuchtem Brot ein, eine Angewohnheit, die er sich angeeignet hatte, als die ersten Daunen zum Vorschein kamen, um keinen Bart zu bekommen."

Juvenal, II., 107 hat einen Pfeil der gleichen Art auf Otho gerichtet:

> „Es ist sicherlich die Pflicht eines mächtigen Kapitäns ... seine Haut glatt zu halten ... und mit den Fingern Brot zu kneten, um ein Pflaster für sein Gesicht herzustellen."

Was wundert es dann, wenn die Frauen ähnliche Kunstgriffe schätzten? Wer kann umhin, an die Frau zu denken , die Juvenal von Vers 460 bis Vers 472 der sechsten Satire, der Salmasius den Beinamen „göttlich" gab, mit solch wunderbarer Kunst darstellte? „Ihr Gesicht ist ganz aufgedunsen von Brotkrümeln, an denen immer wieder die Lippen des armen Mannes kleben", und zwar so sehr, dass man zweifelt:

> „... Ob ihr Gesicht, verputzt und *massiert* mit so vielen Präparaten, überzogen mit Umschlägen aus gekochtem und angefeuchtetem Mehl, überhaupt ein Gesicht genannt werden sollte – oder eine Wunde ... Endlich schält sie ihr Gesicht ab, entfernt das äußerste Schichten. Zum ersten Mal wird sie möglicherweise für sich selbst anerkannt. Dann behandelt sie ihre Haut mit Eselsmilch, wofür sie eine Herde Esel in ihrem Gefolge umherzieht – und sie würde sie mitnehmen, wenn sie an den Nordpol verbannt würde."

Für die Bemalung des Gesichts scheint eine Kreideschicht verwendet worden zu sein, wie im Fall des bei Petronius erwähnten Päderasts, der so heftig schwitzte, als er vergeblich die Leistengegend des Eukolpus bearbeitete :

> „Aus seiner schwitzenden Stirn flossen Bäche von Akaziensaft, und in den Falten seiner Wangen war eine solche Kreidemasse, dass man glauben könnte, eine dem Wind ausgesetzte und vom Regen umspülte Mauer zu sehen" (*Satyricon* , Kap. 23).

Aber lassen wir all diese fiesen Vorbereitungen hinter uns, bevor wir darin feststecken.

Wir haben gesagt, dass ein weiterer Zweig dieses Geschäfts auf Seiten des *Patienten im Cevere* besteht . Ein *geduldiger Cevet* , der während der Aktion seine Hüften auf und ab bewegt, um selbst mehr Freude zu haben und dem Pedicon mehr Freude zu bereiten . Frauen, die das Gleiche bei der Kopulation tun, sollen *Crissare machen* . Martial, III., 95:

> "Nein! Du pedizierst fein, Naevolus ; Du bewegst deine Hüften richtig gut."

Juvenal, II., 20-23:

> „... Tugend auf ihren Lippen, sie bewegen ihr Gesäß. – ‚Soll ich dich ehren , Sextus , im Akt deines Hinterspiels ?' sagt der berüchtigte Varillus ..."

Derselbe Autor, IX., 40:

> „Mit kalkulierter Kunst bewegt er seine Hüften."

Plautus, im *Pseudolus* , III., 75:

> „Sobald sich der Kerl wie immer zusammenkauert, bewege deine Hüften rechtzeitig vor ihm."

Aus diesem Grund sind einige Autoritäten der Ansicht, ich weiß nicht, ob zu Recht oder zu Unrecht, dass das Wort „ *cinede* "von der Tatsache herrührt, dass die unter diesem Namen bekannten Unglücklichen die Angewohnheit haben, *ihre Geschlechtsteile zu bewegen* . Zweifellos zählen die Geschmeidigkeit der Oberschenkel und die Beweglichkeit des Gesäßes zu den besonderen Talenten der Cinedes bei Petronius, Kap. 23:

Betreten Sie einen Cinede , der diese Verse rezitiert:

> „Hier, komm her, Cinede Mutwillige – streckt euren Fuß aus und geht euren Weg, fliegt mit den Sohlen in der Luft, mit geschmeidigen Schenkeln und flinken Gesäßbacken und ausschweifenden Händen – alle alten, entmannten Diener von Delos, kommt!"

Auf dieses Thema bezieht sich auch *Epigr* . XXXVI des 1. Buches des *Hermaphroditus* , von uns herausgegeben; die Sie, lieber Leser, zu Rate ziehen, wenn es sich für Sie lohnt. Da jemand, der mit seinen Hintern zappelt, dies tut, um jemandem zu gefallen, verwenden die Menschen das Wort „ *Cevere* " auch, um die Bedeutung von Speichelleckerei oder Schmeichelei auszudrücken. So: „An, Romule , ceves " (Welcher Romulus, bist du auch?) bei Persius (I., 87); ebenso wird *irrumate* im Sinne einer Empörung, einer Beleidigung verwendet.

Dass Frauen genau wie Männer pädiziert werden *können* , *liegt in der Natur;* Dass sie eingewilligt *haben* , wird durch zahlreiche Zeugnisse in der Antike bewiesen. – Apuleius, *Metamorphosen* , III., S. 138:

> „Während wir so plapperten, drang ein gemeinsames Verlangen in unseren Geist ein und erregte unsere Glieder; Nachdem wir uns völlig ausgezogen hatten, gaben wir uns den Verzückungen der Venus hin. Ich fühlte mich bald müde. Fotis bot mir aus freien Stücken die katamitische Folgerung an."

Martial, IX., 68:

> „Die ganze Nacht über war ich von einem unzüchtigen jungen Mädchen besessen, dessen gefälliges Verhalten nicht zu übertreffen war . Erschöpft von tausend Formen der Liebe, bat ich um den kindischen Dienst, den sie sofort gewährte, bevor ich meine Bitte beendet hatte."

Derselbe, XI., 105, macht seiner Frau folgende Vorwürfe:

> „Sie weigern sich zu pedizieren ; doch Cornelia erlaubte es Gracchus, Julia Pompeius und Portia tat es für Brutus. Bevor der derdanische Mundschenk den Wein servierte, spielte Juno selbst die Rolle des Ganymed für Jupiter."

Tullia erlaubte Aloysio und Fabrizio dasselbe in Aloysia Sigäa ; wir haben die Passage zitiert. Crispa schmeckt in Epigramm LXXI von Ausonius in derselben Art von Genuss:

> „Sie lässt sich in beiden Körperöffnungen ficken."

Die alten Griechen hatten große Freude an der hinteren Venus. Man kann kaum in Worte fassen, was für glühende Bewunderer sie für schöne Gesäßbacken waren; es ging so weit, dass junge Mädchen öffentlich vor einer Versammlung, die sozusagen in einem weiteren „Pariser Urteil" saß, gegeneinander antraten, um zu entscheiden, wer von ihnen in dieser Hinsicht am begabtesten war. Athenäus (XII., 80) berichtet uns, dass in der Umgebung von Syrakus ein Dorfbewohner zwei Töchter hatte, die sich oft darüber stritten , welche von ihnen die schönsten Hintern hatte; Eines Tages zeigten sie sie auf der Straße einem jungen Mann aus Syrakus, der zufällig vorbeikam, und baten ihn, zwischen ihnen zu entscheiden. Er entschied sich für die ältere Schwester, verliebte sich sofort heftig in sie und erzählte bei seiner Rückkehr nach Hause seinem jüngeren Bruder, was ihm widerfahren war. Letzterer ging sofort zu den beiden Mädchen und verliebte sich in die jüngere. Bald heirateten sie die beiden wohlhabenden Jünglinge und wurden von ihren Mitbürgern „Kallipygi" genannt , weil ihnen ihre Hinterteile, obwohl sie von einfacher Herkunft waren, als Mitgift dienten. Voller

Dankbarkeit weihten sie der Venus einen Tempel unter dem Titel Venus Callipygos (Venus des schönen Gesäßes).

Es wird Sie nicht überraschen, dass jedes junge Mädchen, das sich unter seinen Begleitern durch seine schönen Hintern auszeichnete, umso gefragter für das kindliche Amt war und umso eher dazu bereit war, sich dafür herzugeben. Mania stimmte dem zugunsten von Demetrius zu, wie Machon in Athenäus (XIII., 42) bezeugt. Als der König sich an ihrem Gesäß erfreuen wollte, nahm sie sein Geschenk an und sagte:

> „Sohn des Agamemnon, jetzt bist *du* an der Reihe, sie zu haben. [28]
> "

Ein gewisser junger Mann, mit Namen Ponticus , verlangte am Morgen von Gnathena , die er die ganze Nacht besessen hatte, die gleiche Folgerung; Es ist wieder Machon , der uns die Geschichte erzählt (*ebd.* , XIII., 43). Demophon , der Diener von Sophokles, bat Nico um denselben Gefallen [29] , der für die Schönheit ihres Gesäßes berühmt war – „sie soll einen überaus schönen Hintern gehabt haben" – und befürchtete, er könnte sie Sophokles leihen (*ebd.*) . . , XII., 45). Gnathaenion (*ebd.* , XIII., 44) entschuldigte sich auf geniale Weise, ähnlich gefällig gewesen zu sein. Ein gewisser Kesselflicker prahlte unhöflich, er habe die kleine Kurtisane fünfmal hintereinander auf diese Weise bestiegen, und Andronicus, den sie allen anderen vorzog, bekam es zu hören und machte ihr bittere Vorwürfe, weil sie einem solchen Schurken erlaubt hatte, sie so ausgiebig zu genießen Haltung, die seine Gebete nie von ihr erhielten. Gnathaenion antwortete, dass es ihr nichts ausmachte, wenn ihre Brüste von einem schwarzen Kerl mit Schmutz und Ruß berührt würden, und dass es ihr besser erschienen sei, diese Haltung einzunehmen, um so wenig wie möglich vom Körper des elenden Geschöpfs zu bekommen. Tafel XXVII der *Monuments du culte Secret des Dames Romaines* zeigt das Bild eines Mannes, der eine Frau behandelt .

Es ist jedoch nicht ohne Unannehmlichkeiten oder sogar Gefahren möglich, sich für den passiven Teil zu entscheiden. Aloysia Sigaea , ehemalige Meisterin der Liebeswissenschaften, klärt uns über diesen Punkt auf:

> „Erstens werden dem *Patienten unerträgliche Leiden zugefügt* , denn in den meisten Fällen wird ihm ein zu großer Einsatz auferlegt; daher schreckliche Gebrechen, die durch alle Kunst des Äskulap unheilbar sind. Die begrenzende Muskulatur ist gerissen und die Exkremente können nicht mehr zurückgehalten werden und entweichen. Was könnte ekelhafter sein? Ich habe edle Damen gekannt, die durch Ausschläge und Geschwüre in einem solchen Ausmaß an grausamen Krankheiten litten, dass es zwei oder drei Jahre dauerte, bis sie wieder gesund wurden. Ich selbst (Tullia) bin den verfluchten Umarmungen von Aloysio und Fabrizio nicht ungeschoren davongekommen . Als

sie zum ersten Mal ihre Pfeile einschlugen, ertrug ich schreckliche Schmerzen, aber bald tröstete mich das Gefühl eines leichten Kitzelns ... Als ich jedoch wieder nach Hause kam, spürte ich einen brennenden Schmerz an der Stelle, an der sie aufgerissen waren: Ich fühlte mich von ihr verzehrt ein Jucken, als stünde ich in Flammen, und trotz der Fürsorge von Donna Orsini kostete es viel Mühe, dieses verfluchte Feuer zu löschen. Wenn meine Schnittwunden vernachlässigt worden wären, wäre ich eines elenden Todes gestorben" (Zifferblatt VI).

Sie verstehen jetzt, warum der junge Sklave von Naevolus (Martial, III., 71) Schmerzen am Anus hatte; warum derselbe Martial, VI., 37 sagt, dass Carinus ' Hinterteile abgeschnitten werden mussten; und wo der Stachel im folgenden Distichon liegt:

> „Du, der du alle Gründe und gewichtigen Argumente der Sekten kennst, – komm und sag mir, welches Dogma es ist, das dich perforieren lässt" (IX., 48).

Dieser verweichlichte Philosoph, der vorgab, zu sprechen, als wäre er der Nachfolger und Erbe des Pythagoras, musste, wenn überhaupt jemand, die Gründe für Risswunden am Anus und das Gewicht der männlichen Gliedmaßen kennen. Er war an den passiven Teil gewöhnt, von dem Ausonius spöttisch sagt, wie wir oben gesehen haben, dass seine *Clazomenae* als Amboss dienten.

Männer waren lieber vermeintliche *Behandler* als *Patienten* ; daher Martials geistreiches Epigramm:

> „Es ist schon so mancher Tag her, Lupus, dass Charisianus gesagt hat, er könne nicht pädizieren . Aber wann immer seine Freunde ihn fragten, warum, sagte er, sein Darm sei entspannt" (XI., 89).

Würden Sie das Bild eines Mannes sehen, der Pedikation betreibt ? Er wird mitten in seinem Geschäft unterbrochen, aber die Zeichnung ist deswegen nicht weniger angenehm. Der zu Kapitel III gehörende Stich. des dritten Teils von *Félicia* stellt diese Position dar.

Wer weiß nicht, dass die Griechen und Römer unerschrockene Pedikonen und entschlossene Cinedes waren ? Bei den griechischen und lateinischen Autoren prangt zum Unmut der Pädagogen auf jeder Seite die männliche Venus:

> „Alle mit demselben Feuer verbrannt" – wir zitieren Aloysia Sigaea , und wir könnten uns nicht besser und eleganter ausdrücken. Wir werden diesen Auszug jedoch kommentieren : „Alle verbrannten mit demselben Feuer, das einfache Volk, die höheren Klassen, der

König." Diese Verderbtheit kostete Philipp, den König von Makedonien, das Leben [31] ; er starb durch die Hand des Pausanias, den er beleidigt hatte." Es unterwarf Julius Cäsar der Leidenschaft von König Nikomedes [32] – Cäsar, „Frau aller Männer und Ehemann aller Frauen" [33] .

Augustus konnte sich dieser Schande nicht entziehen [34], Tiberius [35] und Nero rühmten sich ihrer. Nero heiratete Tigellinus [36] und wurde selbst von Sporus [37] verlobt . Trajan [38] , der beste aller Herrscher, wurde von einem *Paedagogium begleitet* , während er siegreich durch den Orient marschierte. Was er sein *Paegogium nannte* , während er von Sieg zu Sieg durch den Orient marschierte. Was er sein *„Pädagogium" nannte* , war eine Schar hübscher, gut entwickelter Burschen, die er Tag und Nacht zu seinen Armen rief. Antinoos diente als Geliebte von Hadrian, einer Rivalin von Plotina , aber glücklicher als sie [39] . Der Kaiser trauerte über seinen Tod und stellte den Toten zu den Göttern, indem er ihm zu Ehren Altäre und Tempel errichtete . Antonius Heliogabalus, Neffe von Severus, war es, wie ein alter Autor sagt [40] , gewohnt, sich durch alle Öffnungen seines Körpers Freuden zu verabreichen; seine Zeitgenossen betrachteten ihn als Monster. Vor diesem Venusgrab tanzten Philosophen gemeinsam mit Päderasten. Alkibiades und Phaidon schliefen mit Sokrates [41] , als sie ihren Lehrer in gute Laune bringen wollten . Aus dieser Art von Liebschaften, die der ehrwürdige Mann praktiziert , leitet sich der erotische Ausdruck ab: *sokratisch* lieben . Jede Handlung und jedes Wort des Sokrates wurde von allen Philosophensekten als heilig angesehen; Sie bauten einen Tempel und errichteten ihm zu Ehren einen Altar . Alle seine Handlungen hatten Rechtskraft und seine Worte die Autorität eines Orakels. Die Philosophen wandten sich nicht von dem Beispiel ab, das ihr Held (denn Sokrates stand auf derselben Stufe wie die Helden) und die neue nationale Gottheit gaben. Lykurg, der spartanische Gesetzgeber, der einige Jahrhunderte vor Sokrates lebte, verweigerte jedem Mann den Titel eines guten und würdigen Bürgers, der keinen Freund hatte, der ihm als Konkubine diente. Er wollte, dass Jungfrauen nackt auf der Bühne auftreten sollten, damit der Anblick ihrer frei zugänglichen Reize bei den Männern die sinnliche Sehnsucht trübe, die sie mit Hilfe der Natur zu Frauen zieht, damit sie so ihre ganze Leidenschaft für sich aufheben könnten Freunde und Weggefährten. Denn was Männer jeden Tag sehen, verliert die Hälfte seiner Wirkung.

Noch einmal: Warum von den Dichtern sprechen? [42] Anakreon [43] war in Bathyllus verliebt ; fast alle Höflichkeiten des Plautus haben dieses Thema zum Ziel; sie sind von dieser Art:

„Ich werde es wie die Jungs machen, ich werde mich über einen Korb kauern." [44]

Oder noch einmal:

„Hat der Dolch des Soldaten in deine Scheide gepasst?" [45]

Dieser Großmeister der Poesie, Maro , der durch seine Naivität und angeborene Bescheidenheit den Beinamen Parthenias erhielt , hegte einen gewissen Alexander, den Pollio ihm geschenkt hatte, und er feierte ihn unter dem Namen Alexis [46] . Ovid litt an derselben Krankheit; Er bevorzugte jedoch junge Mädchen gegenüber Jungen, weil er bei seiner Unterhaltung gegenseitiges Vergnügen und kein selbstsüchtiges Vergnügen wollte. Er sagte, er liebe das Vergnügen „der gleichzeitigen Ejakulation beider Parteien" [47] und sei aus diesem Grund weniger der Liebe von Jungen zugeneigt.

Junge Mädchen und Frauen, die sich vernachlässigt sahen, die einen von denen, die sie liebten, die anderen von ihren Ehemännern, beschlossen, die Rolle der Jungen zu spielen, anstatt ihre Dienste nur als Frauen anzubieten. Die Verderbtheit wurde so groß, dass diese Gefälligkeit tatsächlich von Bräuten erpresst wurde, wie es zuvor von verheirateten Frauen der Fall war; Tatsächlich ging der Ehemann päderastisch gegen die junge Frau vor , und die beiden Geschlechter wurden in ein und demselben Körper vereint. In den scherzhaften Gedichten der Antike droht Priapus [48] jedem Gemüsedieb aus seinem Garten, der in die Nähe seiner Waffe kommt, ihn dazu zu zwingen, das zu opfern, was die Braut in der ersten Nacht ihrem leidenschaftlichen Ehemann gewährt, aus Angst, er könnte einen anderen verletzen Teil.

Valerius Martial [49] nutzt seine Fantasie mit der Freiheit , die sowohl Malern als auch Dichtern jemals gewährt wurde, und gibt vor, seine Frau murren zu hören, dass sie auch ein Gesäß habe und dass er keine Jungen brauche. „Juno", sagt sie, „freut Jupiter auch von dieser Seite." Der Dichter lässt sich nicht überzeugen, er antwortet ihr, dass die Rolle eines Jungen eine Sache sei und die der Frau eine andere, und dass sie mit ihrer zufrieden sein sollte.

Unter den Namensschildern [50] und den Lampen [51] in den Bordellen saßen [52] sowohl Jungen als auch Mädchen, die ersten in der weiblichen Stola, die letzteren in der männlichen Tunika und mit knabenähnlichem Haar. Unter dem Deckmantel des einen Geschlechts wurde das andere gefunden. Asien [53] war die ursprüngliche Heimat dieses Schädlings, dann wurde Afrika infiziert und bald drang die Geißel in Griechenland und den angrenzenden Ländern Europas ein [54] . In Thrakien war Orpheus der Importeur und Förderer dieses unreinen Vergnügens. Die thrakischen Frauen werden verachtet ...

„Während der heiligen Feste und der nächtlichen Orgien riss
Bacchus den Jüngling in Stücke und verstreute die weiten Ebenen mit
seinen Gliedmaßen." (Vergil, *Georg.* IV., 521, 522.)

Es wird behauptet, dass die Kelten [55] in jenen alten Zeiten diejenigen unter ihnen
verspotteten, die sich von dieser Praxis fernhielten; Solche konnten weder
eine bürgerliche Anstellung noch Ehrungen erwarten . Diejenigen, die die
Reinheit ihrer Moral bewahrten, wurden als unrein gemieden. „In einer Stadt,
in der jeder verrückt ist, ist es nicht gut, allein bei Verstand zu sein, und weil
es nicht gut ist, ist es auch nicht ratsam." (Dialog VI.)

Damit endet unser brillanter Extrakt aus Aloysia Sigaea .

Selbst in unseren Tagen [56] ist die Vorliebe für die männliche Venus nicht
verschwunden, wie die Perser bezeugen, die dieser Art von Vergnügen sehr
verfallen sind, wie diejenigen berichten, die ihr Land bereist haben. Unter
anderem gibt es Adam Lhuilier , Kapitel 15, Buch V., seines *Itinerary* . Wenn
wir Aloysia vertrauen dürfen Sigaea , die Italiener und Spanier haben es getan;
auch die Holländer, mit denen gegen Mitte des 18. Jahrhunderts .
Jahrhundert, wie uns J. David Michaëlides in seiner *Abhandlung über das Gesetz
des Mose (auf Niederländisch), §258,* berichtet , war diese Gewohnheit so in
Mode, dass die Todesstrafe kaum etwas dagegen ausrichten konnte; auch die
Pariser, so der Autor der *Gynäologie* (auf Deutsch, Bd. II, S. 427), eine völlig
kompetente Autorität, der hinzufügt, dass es in fast allen großen Städten
Europas viele Menschen gibt, die Da sie entweder vom gewöhnlichen
Vergnügen überdrüssig sind oder sich vor ansteckenden Krankheiten
fürchten, ziehen sie die hintere der vorderen Venus vor – mit Ausnahme der
Engländer, die diese Praxis verabscheuen. Um nicht immer nur von
Allgemeingültigkeiten zu sprechen und niemals eindeutige Beispiele zu
nennen, sind die Fälle von Gonzalvo von Cordoba [57] und Vendôme [58] ,
beide ausgezeichnete Generäle, durch historische Dokumente berüchtigt
genug geworden; zu diesen könnten wir noch andere, noch berühmtere
Beispiele hinzufügen, die aus unserer Zeit stammen und durch einen
rücksichtslosen Ruhm bekannt gemacht wurden; das eines großen Autors,
eines großen Königs, des Vaters seines Landes und eines Mannes, der im
Laufe seines Lebens allgemeine Bewunderung durch die Durchdringung
seines Intellekts und die Pracht seiner Sprache erlangte und dessen Wissen
alle Zweige der Wissenschaft umfasste Wissen, nicht nur das gewöhnliche,
sondern auch das tiefste und abstruseste [59] , – ein Mann, der das Rätsel der
Sphinx durchaus seinem bedeutenden Mitbruder vorschlagen könnte, in dem
wir Freude daran haben, die Kraft einer wahrhaft Ciceronschen
Beredsamkeit zu bewundern, die in unbekannt ist Deutschland seit dem Tod
des großen Ernesti . Diese Beispiele, sage ich, könnten wir leicht behaupten,
wenn wir nicht befürchten würden, ganz im Gegensatz zu unserem Zweck

und unserer Absicht ein Gefühl des Zorns gegen das fromme Andenken der angesehensten Männer zu erwecken.

Wünschen Sie sich noch mehr? Pacificus Maximus bietet eine gute Auswahl an aktiven und passiven Parteien. *Elegie* I., S. 107. der Pariser Ausgabe:

> „Der einzige Grund für meine Schlechtigkeit war mein Herr – der Mann, dem mich mein Vater und meine Mutter unvorsichtig anvertrauten. Er war der König der Pedikonen ; Keiner entging seiner Lust, so geschickt und gewinnend war er. Vieles, was ich gelernt habe, hätte ich lieber im Verborgenen gelassen; viel habe ich durch mein Rektum aufgenommen, viel durch meine Lippen."

Elegie II. an Ptolemaios (S. 110):

> „Für dich, undankbarer Junge, behalte ich alle meine Schätze, und niemand außer dir wird sich daran erfreuen; Meine Mentula wächst: Früher waren es sieben Zoll, jetzt sind es zehn."

Elegie IV., an Marcus (S. 113):

> „Du könntest keinen besseren, bequemeren Ort finden, um mich zu treffen, Marcus; Kein Spion ist hier, kein Zeuge, weder Mann noch Frau können Geschichten erzählen. Machen wir es unter den Weiden auf dieser grünen Wiese. Die herabhängenden Zweige werden uns mit ihrem Laub verbergen. Der Bach wird uns mit seinem angenehmen Rauschen in den Schlaf wiegen und der Vogel, der mitten in den Zweigen trällert. Komm her und gleite in meinen Schoß, du, der du gleichzeitig Qual und Heilmittel für meine Wünsche bist!"

Elegie XIV (S. 128):

> „Eines Tages brachte Etruscus einen Jüngling zu mir, so schön, wie man ihn auf Jupiters Tafel selten sieht: „Ich übergebe ihn dir", sagte er, „ergreife ihn, damit er sich Tag und Nacht an dich klammert." Mögen die Götter dir gewähren, dass du ihn gut liebst; er wird weise sein, wenn du ihn nur pädizierst ."

> Und ich: „Ich mag diese Freiheit, die meiner Leidenschaft zugestanden wird; Ich werde Ihnen immer verbunden sein. Seien Sie sicher, dass es diesem Kind, so gut es auch ist, in Zukunft noch besser gehen wird; Er wird meine Weisheit an vielen Stellen aufsaugen."

> Freudig geht er, froh ergreife ich meine Beute; Die Verzögerung erscheint mir, so kurz sie auch sein mag, lang. Oh, Vater hat seine Tugend bewiesen! der einzige tadellose Mann, der einzige Weise in dieser großartigen Stadt! Der Meister legt die Hände auf die

Gesäßmuskeln des Jungen, der Junge ergreift das Glied des Meisters. Glaubt ihr, ihr Ungebildeten, dass er auf diese Weise lernen wird? Oh, glücklicher Junge, mich als Lehrer zu haben! Oh, glückliches Schicksal, das hat dir so einen Vater beschert!"

Elegie XV (S. 131):

„Wenn das Mitglied tot ist, ist der wollüstige Wunsch noch lebendig; Wenn der alte Mann nicht mehr pädizieren kann , will er es trotzdem."

Elegie XX (S. 139):

„Mein Glied ist so klein, dieser Teil von mir ist so geschrumpft, dass ich fast glaube, ich hätte nie eines gehabt oder dass es verschwunden ist; Mein Finger kann es nicht fühlen, mein Auge kann es nicht sehen – das Schicksal war nur gnädig zu mir. Ich könnte dein Diener sein, Cybelé , ohne Operation, ich brauche keine Glasscherbe, ich bin bereits ein kastrierter Priester. Und dennoch – es ist eine Schande, aber man muss es zugeben; Es gibt auf der ganzen Welt keinen schlimmeren Jungen als mich. Sobald ich konnte, diente ich der schmutzigen Venus, denn die Hand der Päderasten hatte mich zu ihr hingezogen; tausend Glieder und große, aufgewühlt in meinem Inneren, und Tag und Nacht war mein Anus auf der Suche. Wenn mein passives Handeln nur meinem Glied hätte nützen können, hätte es im aufrechten Zustand meinen Kopf berührt, im schlaffen Zustand meine Füße; aber nichts hat ihm geholfen, es ist nie gewachsen. Und was ich getan habe, hat es vielleicht nur noch schlimmer gemacht. Jeder Junge möchte gerne sehen, wie sein Glied wächst und groß genug wird, um seine Hand ausreichend zu füllen."

Aber genug der Pedikation ; Irrumation ist unser nächstes Geschäft.

20 . *Drawk* , von –, ich arbeite, führe aus; für *dravicus* , as *cautus* für *cavitus* , *lautus* für *lavitus* .

21 . Catamite ist laut Festus dasselbe wie Ganymed, der Diener des Jupiter; die Lateiner sprachen durch ähnliche Wortverfälschungen *Proserpina* für *Persephone* , *Aesculapius* für *Asclepios* , *Carthago* für *Carchedo* , *Pollux* für *Polydeukes* , *Sybilla* für *Siobulé* und *masturbare* für *manu aus stuprare* .

22 . So schiebt Oenothea , um die schwachen Nerven des Jungen zu erregen, eine lederne Mentula (Glied) in den Anus des Eukolpius (Petronius, 138): „ Oenothea holt ein ledernes Gerät; Diesen ölte sie zunächst ein, bestreute ihn mit Pfeffer und zerstoßenen Brennnesselsamen und fuhr dann fort, nach und nach meinen Anus hinaufzuschieben." Von einer anderen Verwendung dieser ledernen Werkzeuge werden wir im Kapitel VI zu sprechen haben.

23 . Laut dem Autor der *Gynaeology* (dt. Ausgabe, Bd. III., S. 392) gibt es heutzutage in den Londoner Bordellen Frauen, die es sich zur Aufgabe machen, Kunden zu geißeln, die dies wünschen.

24 . Um die Glut des Anus zu besänftigen, pflegten die Siphnier (Siphnos , einer der Kykladen) die Angewohnheit, einen Finger in den Anus einzuführen. Die Griechen nannten dieses Vorgehen *Siphnianisieren* . Suidas : *Siphnianisieren* – um den hinteren Teil zu befingern.

25 . Allerdings immer mit Ausnahme des Kopfes, denn sie pflegten ihr Haar sehr sorgfältig. Horaz, Ode X., Buch IV, sagt zu Ligurinus :

> „Wenn diese Locken weg sind, fallen sie dir jetzt bis zu den Schultern …"

Lyciscus nehmen , außer einer anderen Liebe zu einem rundlichen Jüngling, der sein langes Haar zusammenbindet." Im gleichen Sinne spricht Martial von *Capillati* (III., 58; II., 57) und von *Comati* (XII., 99).

26 . Die Enthaarung der Achselhöhlen galt jedoch als notwendig für die Sauberkeit des Körpers: „Einer hält sich in Ordnung, ein anderer vernachlässigt sich mehr, als es recht ist; Ein Mann enthaart seine Beine, ein anderer enthaart nicht einmal seine Achseln." (Seneca, Buchstabe CXIV.)

27 . Die Griechen verachteten diese seltsame Praxis nicht mehr als die Römer. Aristophanes, in der *Lysistrata* (V. 89).

„Meine Angelegenheit wird mit dem Queckengras in Ordnung sein abgezupft ." In den „Fröschen" spricht er von tanzenden Mädchen, kaum in

der Pubertät angekommen, die anfangen, sich das Fell abzureißen" (V. 519);
in den *Thesmophoriazusae* *wird wiederum* *„ein* reingerupfter *Mons Veneris* "
erwähnt (V. 719). Dass die Griechen ein nacktes Schambein einem pelzigen
vorzogen, geht aus einer anderen Passage von Aristophanes in den *Lysistrata*
, V. 151, 2 hervor, wo ein glattes Schambein als Hauptanreiz dargestellt wird,
obwohl wir vielleicht anderer Meinung sind männliche Begeisterung :

> „Wenn wir nackt mit glattem Schambein gehen würden, würden die
> Mitglieder unseres Mannes aufstehen und uns gerne haben."

Auch die alten Frauen entblößten ihre Schamhaare, um weniger
altersschwach zu wirken. Martial, X., 90.

> „ Ligella , reißt du deine alte Affäre auf und rührst die Asche deines
> ausgebrannten Feuers um?"

> Verfeinerungen wie diese sind für junge Mädchen; Sie irren sich, wenn
> Sie glauben, das Ding sei eine Vulva, die das Glied eines Mannes nicht
> mehr erkennen würde."

Auch die Enthaarung der Vulva wurde als Strafe eingesetzt.

Aristophanes, *Thesmophoriazusae* , 545, 6.

> „Wir werden ihr Schambein ausreißen und es ihr beibringen, als Frau
> nicht schlecht über Frauen zu reden."

Die gleiche Strafe wurde gegen ehebrecherische Frauen verhängt, die auf
frischer Tat ertappt wurden; Ein schwarzer Rettich oder eine Meeräsche
wurde in ihren Anus eingeführt, der dann ebenso wie ihr Schambein mit
brennender Asche enthaart wurde. Aristophanes, *Wolken* , 1079:

> „Was, musst du das Aufspießen mit dem Rettich und der heißen
> Asche ertragen?"

Suetonius, unter dem Wort ——: „So behandelten sie Ehebrecherinnen, die
auf frischer Tat ertappt worden waren: Sie nahmen schwarze Radieschen und
pflanzten sie in ihren Anus, den sie mit heißer Asche einrieben, nachdem sie
ihnen die Haare ausgerissen hatten."

28 . Um dies zu verstehen, muss der Satz vollständig sein; der würdige
Forberg nimmt seine Leser viel zu gelehrt; Mania sagt im Gedicht von
Machon zu Demetrius und bietet ihr Gesäß an: „Sohn des Agamemnon, jetzt
bist *du* an der Reihe, sie zu haben , du, der du immer so großzügig mit deinen
eigenen gewesen bist." (Anmerkung des Übersetzers.)

29 . Das Folgende ist die von Athenaeus zitierte Passage aus Machon ; Ohne
Kenntnis davon bleibt Forbergs Anspielung unklar:

„... Demophon , der Diener des Sophokles, hatte schon als Jugendlicher Nico, der schon alt war und den Beinamen „Ziege" trug; Man sagt, sie hätte ein sehr schönes Gesäß gehabt. Eines Tages bat er sie, sie ihm zu leihen. „Sehr gut", sagte sie mit einem Lächeln, „nimm von mir, mein Lieber, was du Sophokles gibst." (Anmerkung des Übersetzers.)

30 . *Secta* , Sekte (von *sequor*), kann auch von *secare* , schneiden, abgeleitet sein und somit bedeuten: Zerreißen. (Anmerkung des Übersetzers.)

31 . Justinus erzählt die Geschichte etwas anders: „Seit seiner Pubertät musste Pausanias die Gewalt des Attalus ertragen, der zu dieser Demütigung noch eine schreiende Empörung hinzufügte: Nachdem er ihn zu einem Fest eingeladen und ihn betrunken gemacht hatte, begnügte er sich nicht nur mit ihm, als er satt war Wein, seine brutale Lust, aber erlaubte ihm, von allen Gästen wie eine abscheuliche Kurtisane benutzt zu werden, und machte ihn zum Gespött seiner Gleichen. Da Pausanias diese Schande nicht ertragen konnte, trug er seine Beschwerde viele Male vor Philipp vor, doch der König vertröstete ihn stets mit illusorischen Versprechungen. Als Pausanias jedoch sah, wie Attalus zum Oberbefehlshaber der Armee erhoben wurde, wandte sich sein Zorn gegen Philipp, und da er Rache an seinem Feind nicht nehmen konnte, stellte er sich an den ungerechten Richter." (IX., 6).

32 . Suetonius, *Julius Caesar* , Kap. 48: „Nicht zufrieden damit, in einigen seiner Briefe geschrieben zu haben, dass Cäsar von den Wachen in das Schlafgemach des Königs geführt wurde, dort in einem goldenen, mit Purpur behängten Bett schlief und dass er die Blüte seiner Jugend zuließ." In Bithynien verdorben, sagte Cicero eines Tages mitten im Senat, wo Cäsar den Fall von Nysa, der Tochter von König Nikomedes , verteidigte , zu ihm und sprach von seinen Verpflichtungen gegenüber diesem König: Bete, lass uns das alles übergehen; Es ist nur allzu bekannt, was du empfangen und was du gegeben hast."

Am Tag seines Triumphs über die Gallier sangen die Soldaten die folgenden Verse, die üblicherweise hinter dem Triumphwagen gesungen werden und wohlbekannt sind.

> „ Cäsar hat die Gallier und Nikomedes unterworfen Cæsar : An diesem Tag triumphiert Cæsar , weil er die Gallier unterworfen hat , und Nikomedes , der Cæsar unterworfen hat , hat keinen Triumph."

Catull (*carm* . 57):

> „Wie gut sie zusammenpassen, diese schamlosen Cinedes , Mamurra , die *Patientin* , und Cæsar ."

33 . Suetonius, *Julius Cæsar*, Kap. 51: Noch respektierte er das Ehebett in den Provinzen nicht; Dies geht aus dem Distichon hervor, das auch von den Soldaten beim triumphalen Einzug gesungen wurde:

> „Die Bürger kümmern sich um Ihre Frauen; Wir bringen dir den kahlköpfigen Ehebrecher. Du hast in Gallien Gold ausgegeben; Hier nimmst du dein Wechselgeld."

Derselbe Autor (*Julius Cæsar* , Kap. 52) sagt: „ Helvius Cinna, Volkstribun, gab vor vielen Leuten zu, dass er auf Anweisung von Cæsar ein Gesetz ausgearbeitet und bereitgehalten hatte , um es während seiner Abwesenheit voranzutreiben." , wodurch er die Freiheit hätte, im Hinblick auf die Hinterlassung von Nachkommen zu heiraten, wen er wollte, und so viele Frauen, wie er wollte. Damit niemand Zweifel an der Bekanntheit seiner Unanständigkeit und Schande hat, nennt ihn Curio, der Ältere, in einem seiner Schriftsätze den Ehemann aller Frauen und die Ehefrau aller Ehemänner."

34 . „ Sextus Pompeius warf ihm vor, weibisch zu sein, und Marc Antonius sagt, er habe sich die Adoption von seinem Onkel (oder vielmehr seinem Großonkel) erkauft, indem er sich ihm prostituierte. An einem Tag öffentlicher Spiele verstand die ganze Welt die folgenden Verse, die von einem Priester der Cybelé , der Mutter der Götter, gesprochen wurden, der Tamburin spielte, und wandte sie sehr anschaulich an:

> „Sehen Sie, wie ein Cinede die Welt mit einem Finger regiert?"
> (Suetonius, *Augustus* , Kap. 68.)

Ein Bild, das Augustus in der Rolle eines *Patienten zeigt* , befindet sich in den *Monuments de la vie privée des douze Césars* , pl. VI., und ein anderer von Cæsar und Nikomedes , pl. ICH.

35 . „Es wird sogar gesagt, dass er sich während eines Opfers nicht zurückhalten konnte, fasziniert von dem hübschen Gesicht des Weihrauchträgers; Kaum war der Gottesdienst zu Ende, nahm er den Jüngling beiseite, verführte ihn und tat dasselbe für seinen Bruder, der Flöte spielte. Bald darauf befahl er, ihnen die Beine zu brechen, weil sie sich gegenseitig ihre Schande vorwarfen." (Suetonius, *Tiberius* , Kap. 44). Die Tat dieses Verrückten ist auf der Tafel dargestellt. XX. im Werk von d'Hancarville , zitiert auf einer vorherigen Seite.

36 . Und auch Pythagoras. „Man hätte meinen können, dass ihm nichts mehr an Ausschweifungen übrig geblieben wäre und dass er die Grenzen der Verderbtheit erreicht hätte, wenn er nicht ein paar Tage später aus dieser berüchtigten Herde einen gewissen Pythagoras ausgewählt hätte, den er für sich genommen hätte Ehemann mit der ganzen Feierlichkeit einer Ehe. Das *Flammeum wurde dem* Kaiser auf den Kopf gesetzt, die Schirmherrschaft wurde

besprochen, weder Mitgift noch Hochzeitsfackeln wurden vergessen; alles wurde offen getan, sogar die Dinge, die, wenn sie mit einer Frau getan wurden, der Nacht verborgen blieben." (Tacitus, *Annalen* , XV., 37). Der Mann, den Tacitus Pythagoras nannte, scheint derselbe zu sein, dem Suetonius (*Nero* , Kap. 29) entweder aufgrund seiner Verdienste oder aus Versehen den Namen Doryphorus gibt. „Er nahm den Freigelassenen Doryphorus auf die gleiche Weise zum Ehemann, wie Sporus ihn selbst zum Ehemann genommen hatte, und er täuschte das Schreien und Schluchzen von Jungfrauen nach, die ihre Jungfräulichkeit verloren." Tafel XXXVIII des oben zitierten Werkes zeigt eine Illustration dieser Anekdote.

<u>37</u>. „Er ging sogar so weit, zu versuchen, einen jungen Mann in eine Frau zu verwandeln; sein Name war Sporus , und er ließ ihn kastrieren; Nachdem er ihm eine Mitgift gegeben hatte, ließ er ihn mit dem *Flammeum auf dem Kopf* zu sich führen und heiratete ihn mit allen Hochzeitsfeierlichkeiten. Es ist uns ein treffender Ausspruch überliefert, nämlich ob es für die Menschheit nicht besser gewesen wäre, wenn Domitian, sein Vater, eine solche Frau geheiratet hätte. Er ließ Sporus das Kostüm der Kaiserinnen anziehen und ließ ihn in seiner Sänfte tragen; Auf diese Weise reiste er mit ihm, führte ihn durch die Versammlungen und Märkte in Griechenland und bald darauf in Rom, etwa zur Zeit der Sigillarier- Feierlichkeiten, und küsste ihn von Zeit zu Zeit." (Suetonius, *Nero* , Kap. 28). Tafel XXXIV in dem mehrfach zitierten französischen Werk gibt eine Darstellung der abscheulichen Hochzeit.

<u>38</u>. „Er (Hadrian) genoss die Zuneigung Trajans, aber das rettete ihn nicht vor der Böswilligkeit der Pädagogen der Jungen, die Trajan so leidenschaftlich liebte" (Spartianus , *Hadrian* , Kap. 2).

<u>39</u>. „Er verlor während seiner Schifffahrt auf dem Nil seinen lieben Antinoos und weinte um ihn wie eine Frau. Es gibt verschiedene Behauptungen über diesen Antinoos; Einige sagen, er sei Hadrian ergeben gewesen, andere verweisen auf die Schönheit seiner Gestalt und auf die Freude, die Hadrian an ihm empfand. Auf Veranlassung Hadrians ordneten ihn die Griechen den Göttern zu und behaupteten, er habe orakelhafte Entscheidungen getroffen; Diese Orakel, so heißt es, wurden von Hadrian selbst verfasst" (Spartianus , *Hadrian* , Kap. 14). Der heilige Hieronymus sagt im *Hegesippus* : „Antinoos, ein Sklave des Kaisers Hadrian, nach dem ein Zirkus Antinoian benannt wurde , gründete auch eine Stadt, die seinen Namen trug (Antinoia), und richtete im Tempel ein Orakel ein."

<u>40</u>. „Wer könnte sich tatsächlich mit einem Herrscher abfinden, der die Lust durch alle Hohlräume seines Körpers aufsaugt? Nicht einmal einem Tier würde man das erlauben. In Rom bestand seine einzige Sorge darin, Abgesandte auszusenden, die nach den am besten ausgebildeten Männern Ausschau halten und sie zu seinem Vergnügen an den Hof bringen mussten.

Er hatte in seinem Palast eine Aufführung der Komödie „Paris", spielte die Rolle der Venus selbst, ließ plötzlich seine Kleider fallen und erschien nackt, eine Hand auf der Brust und die andere auf seiner Scham; Dann kniete er nieder und bot seinem Pedikon sein erhobenes Gesäß an " (Lampridius , *Heliogabalus* , Kap. 5). Und ein wenig weiter: „Er liebte Hierokles so sehr, dass er seine männlichen Teile küsste, was ich mit Scham berichten muss; er sagte, dass er auf diese Weise die Floralia feierte " (*ebd.* , Kap. 6). Er zögerte nicht, die berüchtigte Hochzeit von Nero mit Pythagoras zu wiederholen: „ Zoticus hatte eine solche Macht über ihn, dass die höchsten Beamten des Staates ihn behandelten, als wäre er wirklich der Ehemann des Kaisers ." Er heiratete ihn und ließ ihn die Ehe in Anwesenheit des Brautgebers vollziehen, indem er ihm sagte: „Drück rein, Magira !" Und dies geschah zu einer Zeit, als Zoticus krank war" (Lampridius , Kap. 10). Zoticus wurde aufgrund des Berufes seines Vaters, der Koch gewesen war, Magira genannt .

41 . Sokrates hatte bekanntlich keinen Mangel an warmen Verteidigern; Brucker (*Critical History of Philosophy* , I., S. 539, 540) dürfte für sie alle stehen. Zweifellos brachte Platon im *Symposium* Alkibiades ins Gespräch, der, wie er sagt, sich erinnert, um den Ausdruck von Cornelius Nepos (Alkibiades , Kap . 2) zu verwenden, „ eine Nacht mit Sokrates verbracht hat, aber nicht anders als ein Sohn es mit seinem Vater tun würde." " Aber Xantippe war, und das ist nicht verwunderlich, empört darüber, dass ihr Mann mit einem gutaussehenden jungen Mann wie Alkibiades so vertraute Beziehungen pflegen sollte; und Aelian (*Varide Historiae* , XI., 12), berichtet, dass sie auf einen von Alkibiades geschickten Kuchen stampfte, was Sokrates zum Lachen und zum Schreien brachte: „Was machst du? Du kannst es jetzt nicht essen. Es interessiert mich überhaupt nicht!" Aber, Sokrates! Gute Moral und solche Freunde sind unvereinbar. Genug, um unter den Schülern des Sokrates Platon zu nennen, von dem Diogenes Laërtius (III., 23) erklärt, er habe Aster, Phaedrus, Alexis und vor allem Dion geliebt; er zitiert ein Epigramm von Platon über Dion und endet so:

> „O du, der du mein Herz so heftig vor Liebe verbrannt hast, du Dion!"

42 . Valerius Maximus (IX., 12) erzählt von Pindar: „Eines Tages schlief Pindar im Gymnasium ein, indem er seinen Kopf an die Brust eines jungen Burschen lehnte, den er über alles liebte (Suidas sagt, sein Name sei Theoxenes gewesen). Kaum hatte der Leiter des Lokals ihn schlafen sehen, befahl er, alle Türen zu schließen, aus Angst, der Dichter könnte geweckt werden." Athenäus seinerseits (XIII., 81) erzählt uns von Sophokles: „Sophokles liebte Jungen im gleichen Maße wie Euripides Frauen liebte"; und etwas weiter (Kap. 82) erzählt er die Geschichte eines Jünglings, den Sophokles genoss, allerdings um den Preis seines Mantels, den der Schurke entzog. Nachdem Euripides von diesem Abenteuer erfahren hatte,

verspottete er den Dichter, weil er so gehandelt hatte: „Ich habe ihn auch gehabt", sagte er, „aber er hat nichts anderes von mir bekommen." Es wundert mich, dass dieser Abschnitt des Athenäus dem berühmten Casaubon zweifelhaft erschien, da der Ausdruck „aus mir herausgekommen" völlig richtig und zutreffend ist. Sowohl Sophokles als auch Euripides hatten den kleinen Schurken mit ihren weißen Flüssigkeiten überschüttet; aber von einem von ihnen bekam er außer einem Mantel, von dem anderen nichts anderes.

<u>43</u>. „Nicht weniger heftig brannte die Liebe von Anakreon von Teos, heißt es, für den samischen Jüngling Bathyllus " (Horaz, *Epodes*, XIV., 9, 10).

<u>44</u>. Die tatsächlichen Worte von Plautus sind:

> „Ich muss den kindischen Dienst verrichten: Ich werde mich über einem Korb niederkauern" (*Cistellaria* IV., sc. I., Vers 5), – was bedeutet, dass ich mich zum Korb beuge, das Gesäß anhebe und somit anwesend bin sie zum Pedikon . Dies ist in der Tat das, was man das „kindliche Amt" nennt und das Apuleius (*Metam* . III., Kap. 2) „die kindische Folge" nennt. Martial, IX., 68 sagt einfach: „ *illud puerile* ". *Conquinescere* ist laut *Nonius* , S. 531, Gottfrieds Ausgabe, um die Wirbelsäule zu krümmen, ein Ausdruck, der insbesondere die passive Haltung bezeichnet, wie wir im *Pseudolus gesehen haben* :

> „Wenn er die Wirbelsäule krümmt, dann wackeln Sie gleichzeitig mit Ihrem Gesäß."

Einige Autoren haben auch einen noch eindringlicheren Ausdruck verwendet, „ *Ocquinescere* ", vis., „sich tief ducken" (*Nonius* , S. 567). Pomponius über das Wort „ *Prostibulum* ": „Ich habe niemals einem Bürger eine Pedikation aufgezwungen; Ich habe mich immer enthalten, es sei denn, der Patient hätte mich darum gebeten und wäre aus freien Stücken zusammengekauert." Und zum Wort „ *Pistor* ": „Es sei denn, jemand hat meine Wünsche vorhergesehen und sich bereitwillig niedergekauert, damit ich die Sache sicher erledigen kann." Auf diese Position des kauernden Patienten wird nur sehr selten hingewiesen; Die Frage dreht sich im Allgemeinen um sein Knien. „So", sagt Lampridius von Heliogabalus, bot er sich mit zum Pedikon erhobenem Gesäß an " (Kap. 5). Heliogabalus kniete und hockte nicht. Das Gleiche gilt für Timarchus in Lucian: „Alle, die dir nahe waren, erinnern sich daran; Sie haben dich auf den Knien gesehen, während dein Komplize wusste, was du wusstest" (*Apophras* , S. 152, Bd. VII . – Werke von Lucian, herausgegeben von J.-P. Schmid). Wenn Sie diese beiden Haltungen sehen möchten, finden Sie sie in den *Monuments de la vie privée des douze Césars* , pl. XXVII., ein geduckter *Patient* und pl. XXXVIII., ein kniender *Patient* .

Aus der Tatsache, dass Männer, die ihre Exkremente entleeren wollen, wenn sie draußen sind, sich ducken, ist es entstanden, dass man von passiven Päderasten sagte, sie würden das Mitglied der aktiven Partei scheißen, wenn es hineingeht und aus dem Anus. Daher in der *Priapeia*, LXX.:

> „Schau mich an, Dieb, und erkenne, wie schwer das Glied ist, das du schlachten musst. ..T. „Martial, IX., 70 spielt auch mit dem Wort:

> „Wenn du eine Frau liebst, Polycharmus, scheißt du immer, bevor du es getan hast. Sag mir, Polycharmus, was tust du, wenn du pedizierst ?"

45. *Pseudolus*, IV., sc. VII., 85.

46. Du hättest, Aloysia, vielleicht auch Horaz zitiert (*Epodes*, XI):

> „Jetzt hält mich Lyciscus in Liebesbanden, von denen mich weder freundlicher Rat noch demütigende Beleidigungen befreien können."

Und *Satiren*, I., II, Vers 116-119.

> „Wenn deine Geschlechtsteile anschwellen und eine Magd oder ein Sklave zur Hand ist, die du sofort angreifen kannst, willst du dann lieber vor Verlangen platzen? Nein! nicht ich!"

47. *Kunst der Liebe*, II., 683, 684.

48. *Priapeia*, II.

49. *Epigr*. 44, Buch IX:

> „Wenn du mich mit einem Jungen erwischst, belästigst du mich mit deinem Geschrei und sagst mir, meine Frau, dass du auch Hinterteile hast."

> Viele und viele Male sagte Juno dasselbe zu Jupiter dem Donnerer ; Dennoch schlief er weiterhin mit dem schlanken Ganymed.

> Er von Tyrius legte seinen Bogen beiseite und beugte Hylas unter sich; Glaubst du also, dass Megara kein Gesäß hatte? Dephné verärgerte Phoebus durch ihre Flucht, aber die Glut seiner Liebe fand am Ende Erleichterung bei dem Jungen Oebalius. Obwohl Briseis schlief, ihm oft den Rücken zugewandt, entsprach sein glatthäutiger Freund Patroklos eher dem Geschmack des Sohnes des Aiakos.

> Hören Sie dann auf, Frau, Ihre Angelegenheiten mit männlichen Namen zu bezeichnen; Denken Sie besser daran, dass Sie zwei Vulven haben.

Sein Epigramm XII., 98, behandelt dasselbe Thema:

„Da du den ehrlichen Wandel und die Treue deines Mannes kennst und weißt, dass er dein Bett niemals mit Konkubinen missbraucht, warum, du törichte Frau, quäle dich über diese korrupten Jungenliebhaber – kurz und flüchtig ist die Freude an ihrer Gefälligkeit!

Sie sind für dich nützlicher als für ihren Herrn, sage ich dir, denn sie lassen ihn denken, dass eine Frau besser ist als sie alle. Sie geben, was du nicht gibst; – Aber ich werde es tun, sagst du, damit der flüchtige Ehemann nicht vom ehelichen Bett abweicht.

Aber es ist nicht dasselbe, ich möchte eine Feige, keine Orange, und Sie müssen wissen, dass es sich bei ihnen um eine Feige und bei Ihnen um eine Orange handelt. Sehen! Eine Matrone, eine Frau wie Sie, muss wissen, was ihr gehört. Überlassen Sie den Jungen, was ihnen gehört, und machen Sie das Beste aus dem, was Ihnen gehört."

50 . Einige Prostituierte saßen (Plautus, *Poenulus* , I., ii., Vers 54), andere standen: „Ein anderer Mann wird nur die Hure haben, die im unreinen Bordell aufrecht steht" (Horace, *Sat.* I., ii., V. 30.)

51 . Juvenals *Messalina* (VI., Vers 123) prostituiert sich „unter dem fiktiven Namensschild von Lycisca ". Petronius: „Ich sehe Männer, die heimlich zwischen den Namensschildern und den nackten Prostituierten hindurchschlüpfen; Leider wurde mir zu spät klar, dass ich an einen schlechten Ort gebracht worden war." (*Satyr.* CH. 7.) Martial, XI., 46:

> „Wenn Sie die Schwelle einer Kammer mit einem Namensschild über der Tür überschreiten, begrüßt Sie ein Junge oder ein Mädchen mit einem Lächeln ..."

Dass die Prostituierten ihre Namen änderten, geht aus einer Passage bei Plautus hervor (*Poenulus* , V., iii, 20, 21):

> „Denn heute sollten sie ihre Namen ändern und ihre Körper für den berüchtigten Verkehr leihen."

52 . Horace, *Sa. II.* , vii, 48, 49:

> „... Jede Frau, die nackt im hellen Lampenlicht lag, ertrug die Stöße eines geschwollenen Glieds."

Juvenal, VI., 130, 131.

> „Mit dem Gestank der Lampe verdorben, trug sie den Gestank des Bordells auf die kaiserliche Couch."

53 . Die Autoren sind in diesem Punkt unterschiedlicher Meinung. Herodot: „Die Perser verunreinigen junge Knaben; sie haben es von den Griechen

gelernt" (I., 135). Plutarch widerlegt die Behauptung: „Wie können die Perser diese Unreinheiten den Griechen zu verdanken haben, wenn alle Historiker sich darüber einig sind, dass sie Eunuchen hatten, bevor sie jemals in die Nähe der griechischen Meere kamen?" (*Von der Bösartigkeit des Herodot* , S. 857, Bd. II der Frankfurter Ausgabe von 1620). *Athenäus* : „ Päderastia wurde erstmals von den Kretern in Griechenland eingeführt, wie von Timaios berichtet; Andere Autoren haben jedoch behauptet, dass der Mann, der diese Art von Liebe zuerst importierte, Laios war, der, nachdem er von Pelops gastfreundlich empfangen worden war, sich in Chrysippus , den Sohn seines Gastgebers, verliebte, ihn in seinem Streitwagen entführte und nach Theben floh ." (XIII., 79.) Und wer hat nicht von der Inkontinenz der Bewohner Sodoms gehört?"

54 . Besonders in Euböa, woher der Ausdruck „ chalkidisieren " stammt, was laut Hesychius „ pedikieren " bedeutet , weil unter den Chalkidiern die männliche Liebe blühte. „ Phizidize " ist ein anderer Ausdruck für dasselbe aus dem Namen einer heute unbekannten Stadt; Suidas : „ Phizidisieren , um ein Päderast zu sein" und ähnlich „ Siphnianisieren " von Siphnos , einer Insel in der Ägäis ; Hesychius sagt: „ Siphnianisieren , das heißt den Anus befingern; Die Einwohner von Siphnos neigen tatsächlich dazu, Päderastie zu praktizieren ." Wir haben oben gesehen, dass die Bedeutung von Siphnianize pervertiert wurde.

55 . *Athenaeus* , XIII., 79: „Von allen Barbaren sind die Kelten, obwohl ihre Frauen die schönsten sind – es ist daher nicht verwunderlich, dass ein leidenschaftlicher Liebhaber von „schönen Frauen", wie uns Julius Cäsar beschrieben wird, dabei sein sollte Die gallischen Provinzen haben dem ehelichen Bett nicht allzu großen Respekt entgegengebracht – die Kelten haben mehr Freude an der Päderastie als jede andere Nation, und zwar so sehr, dass es unter ihnen keine Seltenheit ist, einen Mann zwischen zwei Schergen liegen zu sehen."

56 . Verzeihen Sie, berühmter Marcus Pullarius , dass ich Sie fast vergessen habe. Ausonius, *Epigr* . LXX.:

> „Welcher Marcus? Denjenigen, den sie die „Katze, die Jungen fängt" nennen, den, der die ganze Reinheit der Kindheit befleckt, der mit seinem Hintertürwerkzeug die rückwärtige Venus bedient, den *Subulo* des Dichters Lucilius , seinen *Pullipremo* ."

Ausonius nennt ihn die Pullarian- Katze, weil er junge Burschen (puelli) jagte, so wie die Katze Vögel jagt; Er nennt ihn und wendet auf ihn die gleichen Beinamen an wie „ Lucilius , dessen Satiren er zu lesen hatte, – darin hatte er mehr Glück als wir –, einen *Subulo* " (von *Subula* , eine Ahle), um das verständlich zu machen sein Glied durchbohrte er, wie ein Schuster mit seiner Ahle, den Anus von Cinedes ; und *Pullipremo* , von seiner Komprimierung in seiner Arbeit junger Burschen.

<u>57</u> . „Er bedrohte mit seiner gestreckten Lanze einen Jugendlichen (er war ein entschlossener Pedikon) und sagte, er wolle nach Aversa, einer berühmten Stadt, gehen" (Aloysia Sigaea , Dialog VII.).

<u>58</u> . Siehe die „Geschichte des 18. Jahrhunderts" von Christus. Dan. Voss (auf Deutsch, Teil V., S. 364). Zu den Pedikonen von weniger hoher Stellung, die die Witwe Philipps, des ersten Herzogs von Orleans, erwähnt (in ihren amüsanten Briefen, S. 74, 284, 350), die vor etwa dreißig Jahren erschienen, gehören: Kardinal de Bouillon, der Chevalier de Lorraine, der Comte de Marsan, François Louis, Prince de Conti. Diese müssen sich zusammen mit dem Comte de Varmandois , einem Cinede dieses letzten, damit begnügen, in einer bloßen Fußnote zu erscheinen.

<u>59</u> . Verstehen Sie nicht falsch, was ich sage. Es steht einem ehrlichen Mann nicht zu, seinen Verstand auf Kosten der Bücher eines anderen zu schärfen.

KAPITEL III

DER IRRUMATION [60]

Das erigierte Glied in den Mund eines anderen zu stecken, wird „ *irrumate* " *genannt* , ein Wort, das im eigentlichen Sinne „die Brust geben" bedeutet; tatsächlich, laut *Nonius* , S. 579 (Gottfrieds Ausgabe) nannten die Alten den Busen *Ruma* . Der Rand, der in den Mund eingeführt wird, möchte entweder mit den Lippen oder mit der Zunge gekitzelt und gelutscht werden; Die Partei, die dem Penis diesen Dienst erweist, ist ein Fellator oder Sauger, denn bei den Alten waren *Fellare* dazu bestimmt, zu saugen, auch nach *Nonius* , S. 547. Das Äquivalent zu *Fellare* im Griechischen ist ———.

Es wird angenommen, dass die Lesben die Erfinder dieser besonderen Gemeinheit sind. Der Scholiast zitiert im Vers 1337 der *Wespen* des Aristophanes Theopompus als Bürgen für diese Tatsache.

Dies ist der Grund, warum die Griechen den Ausdruck „Lesbianisieren" oder „ Lesbize " auf diejenigen anwenden, die die lesbischen Gebräuche entweder als *Irrumanten* oder als *Fellatoren imitierten* . Suidas : „Lesbianisieren – den Mund verunreinigen; Es wird tatsächlich angenommen, dass die Lesben sich diesen beschämenden Taten hingeben." Derselbe Autor sagt unter dem Wort: „ *Siphnianisieren* – lesbianisieren , das heißt, den Mund abscheulich zu gebrauchen. " [61] Aristophanes hat das Wort im Sinne von *„saugen" verwendet* (*Wespen* , 1337).

> „Schau, wie geschickt ich dich ferngehalten habe, als du die Gäste lesbisch machen wolltest."

Und noch einmal in den *Frogs* 1343:

> „Hat diese Muse noch nie den Lesbenmodus benutzt?" [62]

Irrumate verwendet : „Lesbianisieren, um den Mund eines Mannes zu verunreinigen."

„Lesbianize" und „Phoenicianize" werden im Allgemeinen gemeinsam verwendet, als ob diese Praxis bei den Phöniziern gleichermaßen verbreitet gewesen wäre . Lucian sagt in seinem *Apophras* (Kap. 26):

> „Sagen Sie mir im Namen der Götter, woran Sie denken, wenn öffentlich darüber geredet wird, dass Sie lesbisch und phönizisch werden ?"

Was der Unterschied zwischen den beiden sein könnte, ist nicht bekannt. Auf jeden Fall war Timarchus , der von Lucian so heftig angegriffen wird, ein *Fellator* , wie aus dem Folgenden leicht hervorgeht. Timarchus , der in

Kyzikos angekommen war, um an einem Hochzeitsfest teilzunehmen, wurde aus der Tür gewiesen (*ebd.* , Kap. 26), und die Herrin des Hauses tadelte ihn mit folgenden Worten wegen der Unreinheit seines Mundes: „Das hätte ich nicht getan in meinem Haus ein Mann, der selbst einen Mann haben muss!" Noch klarer und auf den Punkt gebracht ist die vorangehende Passage: Was wirft der Mann Timarchus vor, der ihn beim Knien vor einem jungen Burschen überrascht hat (*ebd.* , Kap. 21) und der weiter unten sagt: „Das hatte er." „Ich habe ihn bei der Arbeit gesehen", wenn dies nicht auf einen *Fellator zutrifft* ? Was bedeutet außerdem die Halsentzündung, die er sich in Ägypten zugezogen hat (*ebd.* , Kap. 27), wo er einem Gerücht zufolge von einem Seemann beinahe erstickt worden wäre, der sich über ihn stürzte und ihm den Mund zuhielt? Daher der Spitzname des Zyklopen (*ebd.* , Kap. 28), der ihm gegeben wurde, weil sich eines Tages, als er betrunken auf dem Boden lag, ein junger Mann „mit einem aufrecht stehenden Pflock, der sehr gut geschärft war", auf ihn stürzte auf ihn, um es in seinen Mund zu zwingen, wie Odysseus es mit dem Auge des Zyklopen tat: „Ein neuer Zyklop, mit weit geöffnetem Mund, du lässt ihn dir die Wangen platzen lassen." Es ist sinnlos, die Passagen über diejenigen hinzuzufügen, die seine Küsse abweisen (Kap. 23), oder über den Gebrauch, den er mit seiner Zunge macht (Kap. 25), denn es ist zweifelhaft, ob sie an a gerichtet sind *Fellator* oder *Cunnilingue* (ein Lecker der Vulva). Dass Timarchus *Irrumationen* nicht fremd waren , scheint durch den Apostroph „Bist du das alles nicht?" angedeutet (Kap. 17). Dies gilt umso mehr, als der frühere Ausspruch Lucians: „Wenn jemand einen Cinede die schändliche Tat begehen oder erleiden sieht ..." deutlich macht, dass der aktive Teil auch eines der Laster des Timarchos war . Lucian könnte daher mit Fug und Recht von diesem Timarchus sagen , dass er ihn lesbianisiert und phönizisiert hat, wenn er mit einem dieser Worte „saugen" und mit dem anderen „irrumieren" meinen wollte. Es ist jedoch ungewiss, welches dieser Wörter „saugen" und welches „irrumieren" bedeutet. Aber was hat das damit zu tun? Es besteht kein Zweifel, dass Lucian diese Unterscheidung treffen wollte. Phœnicianize könnte sogar auf eine *Cunnilingue* [63] angewendet werden , ein Ausdruck, auf den wir gleich näher eingehen werden. Es erübrigt sich daher, an dieser Stelle Beispiele von Frauen zu nennen, die zuließen, dass ihre Vulva geleckt wurde.

Sehr bemerkenswert ist eine Passage *von* Galen im Buch

> „Für einen ehrlichen Mann ist es schlimmer, als Kotfresser bezeichnet zu werden, als als Schänder oder Cinede ; und unter den Schändern verfluchen wir solche, die phönizisieren, mehr als diejenigen, die lesbianisieren. Letzteres halte ich für genauso schlimm wie die Gewohnheit, Menstruationssekret zu trinken. [64] "

Galen meint damit, dass der Mann, der menschliche Exkremente als Medizin verwendet, als schlimmer angesehen wird als ein Fellator oder ein

Cinede ; dass unter den Fellatoren die Phönizianisten abscheulicher seien als die Lesbenisten. Es besteht daher kein Zweifel daran, dass er das Handeln der *Fellatoren* mit dem Wort Phönizisieren und das der *Irrumanten mit dem Wort Lesbianisieren bezeichnet* . Da er diejenigen, die den Kotfressern am nächsten kommen, für die Schlimmsten hält, könnte er diejenigen, die ihren Mund durch Fellation verunreinigen, nicht weniger verabscheuen als diejenigen, die den Mund anderer Menschen durch Irrumation verunreinigen; Ebenso konnte er nicht anders, als die *Cunnilingues* und die Menstruationstrinker zu verabscheuen , von denen später noch mehr gesagt wird.

Doch die Lesben fanden Nachahmer. Die Einwohner von Nola hatten in dieser Hinsicht bei den Alten einen schlechten Ruf; bei Ausonius, *Epigr* . LXXI., Crispa , ein Kerl, soll das Geschäft ausüben, „mit dem eine beispiellose Weiblichkeit die Menschen von Nola inspirierte". Hier ist jedoch dieses temperamentvolle Epigramm in seiner Gesamtheit:

> „Über die intimen Freuden der legitimen Liebe hinaus hat die hasserfüllte Lust andere abscheuliche Arten des Vergnügens entdeckt, von der Art, wie die Einsamkeit von Lesbos den Erben des Herkules lehrte, von der Art, wie der glattzüngige Afranius in seinem Schauspielergewand auf der Bühne gezeigt wird." die Art, zu der eine beispiellose Weiblichkeit die Männer von Nola inspirierte. Crispa , die nur einen Körper hat, übt sie alle aus : masturbiert, masturbiert, bearbeitet jede Körperöffnung – und fürchtet sich davor, umsonst zu sterben, bevor sie alle Arten ausprobiert hat."

Zur Erklärung: Crispa hat es natürlich nicht versäumt, sich auf die übliche Weise eintreten zu lassen; Dies sind „die innigen Freuden der legitimen Liebe". Dann ließ sie sich pädizieren ; Dies ist das Laster von Philoktetes, dem Erben der Pfeile des Herkules, wie auch von Afranius , von dem Quintilian sagt: „Er brillierte in der römischen Komödie; Schade, dass er seine Stücke mit berüchtigten männlichen Amouren verunreinigt hat! Damit legte er Zeugnis gegen seine eigenen Moralvorstellungen ab" (*Inst. Orat* . , X., I). Darüber hinaus ließ sich Crispa nicht verärgern , nämlich „das Laster, das ihre beispiellose Verweichlichung den Männern von Nola einflößte. " Schließlich wird das Ganze in der vorletzten Zeile ganz deutlich zusammengefasst; Masturbieren ist die Gattung, während das Fellieren und Arbeiten an der einen oder anderen Körperöffnung so viele Arten sind, insgesamt drei.

Es gibt Autoren, die glauben, dass das berühmte Rätsel des Coelius in Quintilian: *Clytaemnestram quadrantariam , in triclinio coam , in kubischer Form nolam (Instit . Orat . , VIII., 6 S. 747) bezieht sich auf eine Frau mit dem Namen Nola, die eine *Fellatrix* nach Art der Nolaner ist . Aber ich bevorzuge die Interpretation von Alciatus ; er glaubt, dass es sich bei der betreffenden

Frau um Clodia handelte , die berüchtigte Schwester des Clodius und Frau des Metellus , genannt *Coa* , weil sie den Koitus auf dem offenen Triklinium mochte, und *Nola* , weil sie denselben im Bett ablehnte. Spalding zeigt sich überrascht über den Mangel an Genauigkeit, den das Wort *quadrantaria* in diesem Fall haben würde. Für mich sieht das so aus, als würde man in Eile nach Knoten suchen. Warum sollten wir nicht annehmen, dass Clodia , die wie Messalina von der Leichtigkeit ihrer Ehebrüche angewidert war, in so außergewöhnliche Exzesse verwickelt war, dass sie keinen Handel mehr mit Männern im Dunkeln, sondern nur noch im Dunkeln trieb ? Blendung brennender Fackeln, wie Martial in seiner eigenen Aussage bekennt (XI., 104):

„Du liebst das Spiel im Dunkeln, ich mag es bei Lampenlicht; Es ist mir eine Freude, meinen Eintritt mit Licht zu machen, durch das man sehen kann" – und in der Gegenwart eines lebenden Zeugen, damit man sie, wenn auch nicht wirklich auf dem Rücken, auf jeden Fall dabei sehen könne, wie sie weggeht oder einfach danach zurückkommt. Glauben Sie, dass Unanständigkeit unmöglich so weit gehen kann? Was tat Augustus, dem Marc Antonius laut Sueton „den Vorwurf machte, er habe auf einem Fest die Frau eines Konsuls im Beisein ihres Mannes aus dem Triklinium in ein Schlafzimmer geführt und sie anschließend mit ihr an den Tisch zurückgeführt?" Ihr Gesicht steht in Flammen und ihr Haar ist in Unordnung?" (*Augustus* , Kap. 69). Und Caligula, so derselbe Suetonius, „als ein Gast bei einem Hochzeitsfest zu Piso , der neben ihm saß, sagte: „Drücke nicht so nah an meine Frau heran!" und gleich darauf ließ er sie vom Tisch aufstehen und nahm sie mit sich" (*Calig* . , Kap. 25). Derselbe Autor (*Calig* . , Kap. 36) berichtet uns über die berühmtesten römischen Damen, dass Caligula „sie zum Abendessen mit ihren Ehemännern einlud, sie vor sich herüberreichte und sie mit der minutiösen Aufmerksamkeit eines Mannes untersuchte." Sklavenhändler, die ihre Köpfe erhoben, wenn einer von ihnen sie vor Scham niederbeugte. So oft er Lust dazu verspürte, verließ er das Triklinium und nahm die Auserwählte beiseite; Dann, nachdem er mit den Spuren seines Tuns noch immer in den Raum zurückgekehrt war, lobte oder kritisierte er diese Damen offen und sprach von der Schönheit oder den Schönheitsfehlern ihrer Körper und sogar davon, wie oft er diesen Genuss wiederholt hatte." Horaz spricht erneut von einer ehebrecherischen Frau (*Odes* , III., vi, 25-32):

„Bald hält sie Ausschau nach neueren ehebrecherischen Freuden, während der Ehemann betrunken ist; und es ist ihr egal, wem sie die heimlichen, verbotenen Freuden gewährt, die sie, wenn die Fackeln erloschen sind, bereit ist, zu geben und zu nehmen. Nein! Sie kümmert sich nicht um die Anwesenheit ihres Mannes selbst, und mit seinem Wissen erhebt sie sich, um jeden zu treffen, der anruft, sagen wir einen Kaufmann, sagen wir den Kommandanten eines spanischen Schiffes im Hafen , der ihre Gunst durch den Zoll erkauft !"

noch einmal das Fest des Papstes Alexander VI. an, den wir bereits zu Ihrem Nutzen und Vergnügen in unserem *Hermaphroditus* [66] erwähnt haben .

Reicht dieser Beweis aus, um Sie hinsichtlich dieser *Coae* des Trikliniums zu überzeugen? Also! Es war auf diese Art und Weise, wie Clodia es vorzog, gehabt zu werden. Allein mit einem einsamen Liebhaber im Bett und niemandem in der Nähe lehnte sie ab (*nolebat*); in der Öffentlichkeit auf dem Triklinium war sie bereit genug für den Koitus (*volebat coire*). Daher der Scherz; sie war *Coa* und *Nola* . Coelius hätte es vielleicht noch deutlicher ausdrücken können; Auf dem Triklinium war sie *Vola* , im Bett *Nola* .

Es waren nicht nur die Einwohner von Nola, die dem lesbischen Laster verfallen waren, auch die Oscans [67] galten im Allgemeinen als sehr begabt, so sehr, dass bestimmte Autoren sie (die Osci), die in früheren Zeiten genannt wurden , auf sie zurückführten die Opsci oder Opici , die Etymologie des Wortes „Obszön", Festus, S. 553:

> „In fast allen alten Abhandlungen wird das Wort *Opicum* statt *Oscum geschrieben* ; Nach dem Namen dieses Volkes werden schamlose und unverschämte Ausdrücke als obszön bezeichnet, denn die Hingabe an schmutzige Ausschweifungen war bei den Oscanern weit verbreitet ."

Die Alten verwendeten viele Formen der Umschreibung, um die Bedeutung ihrer schmutzigen Praktiken zu vermitteln. Anstelle von „*irrumate*" sagten sie zum Beispiel: „den Mund beleidigen " [68] , „den Mund verderben " [69] , „den Kopf angreifen" [70] , „sich dem Gesicht widersetzen " [71] , „den Kopf beleidigen" (nicht verschonen). Kopf [72] , den Mund aufspalten [73] , in die Höhe gelangen [74] , in höhere Regionen aufsteigen [75] , die Zunge zusammendrücken [76] , sich einem abscheulichen Geschlechtsverkehr hingeben [77] und statt das zu empfangen Mitglied in den Mund sagten sie: den Mund in Form von Gefälligkeit erweisen [78] , mit dem Mund arbeiten [79] , die Mittelteile der Menschen lecken [80] , einfach lecken [81] oder schließlich schweigen [82] . So wie Persius das Wort „*cevere*", „zappeln" im Sinne von „schmeicheln" verwendet hat , so verwendet Catullus „ *irrumate*"im Sinne von „schändlich behandeln" [83] .

So beklagt er sich darüber, von Memmius XXVIII., 9, 10 belästigt worden zu sein:

> „Oh, Memmius , gut und lang und gemächlich, du hast mich über die gesamte Länge dieses Balkens auf den Rücken gelegt, du hast mich verwirrt."

Tatsächlich hatte er in Bithynien die Gemeinheit und Habgier dieses Prätors Memmius erlebt, der sich nicht um die Ehre seiner Kameraden gekümmert hatte und auf den im *Epigr. angespielt wird* . X., 12, „Prätor und Irrumator ". Im *Epigr* . XXXVII. bedroht er seine ausschweifenden Gefährten, bei denen seine Geliebte Zuflucht gesucht hat:

„... Glaubst du, ich wage es nicht, zweihundert Pothouse-Helden allein zu belästigen, während ich hier stehe?" Und er fügt hinzu, dass er die Schande dieser Schurken auf die Vorderseite der Taverne schreiben würde:

„... Eure Namen werde ich an der ganzen Fassade der Taverne ankreuzen."

Andere Passagen von Catullus, XXI., 12, und LXXIV., 5, werden ebenfalls zitiert, um die verschiedene Verwendung des Wortes *irrumate zu beweisen* ; aber sie scheinen mir nichts mit der Frage zu tun zu haben.

Der Beiname „*schamlos*" wurde vor allem dem Mann gegeben, der sich pädizieren oder belästigen ließ. *Priapeia* LIX.:

schamlos zurückkehren ."

Cicero, *De Oratore* , II., 257:

„Wenn du davor und dahinter *schamlos bist* ... "

Horaz, *Epistel* , I., xvi., 36:

„Wenn er mich einen Dieb nennt, bestreitet er, dass ich keusch bin."

Lampridius , *Commodus* , Kap. 10:

„Schon als Kind war er ein Fresser und *schamlos* , was durch seine Aussagen in Kap. erklärt wird. 5: „Er gab sich den berüchtigten Misshandlungen junger Männer und ihren Übergriffen hin", und Kap. i: „Von seinem zartesten Alter an war er verdorben, boshaft, grausam, ein Wüstling; Er ließ zu, dass sein Mund beschmutzt und entweiht wurde."

Eine Frau hingegen, die sich nie einem Mann unterworfen hatte, wurde als *keusch bezeichnet* (*Priapeia* XXXI.):

„Du darfst so keusch sein wie Vesta." Der gleiche Beiname wurde einer Frau gegeben, die ihrem Mann treu war, wie sie von Martial im *Epigr. gepriesen wird* . X., 63.

„Mein Lager ist von der seltensten Herrlichkeit erleuchtet – ein Mitglied, eine Mentula allein hat meine Keuschheit gekannt."

Zu den vorangegangenen Beispielen von *Fellatoren* und *Fellatrices* werden wir nun etwas von Aloysia hinzufügen Sigaeas Buch, das von Crisogono , der Sempronia geschickt überredet , ihm ihren Mund zu leihen:

„Vorgestern (es ist Ottavia) kam Crisogono nachmittags zu meiner Mutter. Alles war ruhig und still. Kaum hatte er angefangen, sich ein wenig mit ihr zu befassen, als er schon sehr aufdringlich wurde. „Gestern Morgen", sagte er, „habe ich eine neue Art von Vergnügen kennengelernt. Einer unserer großen Persönlichkeiten, der es sicherlich probiert hatte, sagt, dass es nichts Ekelhafteres und Abstoßenderes gibt als die Teile seiner Frau, die sie als Frau abstempeln – und er hat eine sehr hübsche Frau! In diesem Waschbecken ist alles faul, während darin (meiner Mutter einen Kuss auf den Mund) die wahre Venus wohnt. Deshalb verabscheut er diese unschöne Höhle und vergöttert diesen reinen Mund, diesen bezaubernden Kopf. Er blickt auf nichts anderes, sein Glied erhebt sich für nichts anderes. Seine Frau ist ebenso temperamentvoll wie schön und noch zuvorkommender. Sie kennt kein anderes Vergnügen als das ihres Mannes; was er für richtig hält, hält sie für richtig und begünstigt alle Launen ihres Mannes; Deshalb stellt sie ihm den Dienst ihres Mundes zur Verfügung. Was würdest du tun, Sempronia , wenn ich dich fragen würde? Wenn Sie sich weigern würden, würde ich sagen, dass Sie alle Ihre Versprechen und Ihren versprochenen Glauben vergessen haben. Sie wissen, dass Sokrates sagte: „Der schöne Körper einer hübschen Frau ist nichts anderes als eine lebendige Schatzkammer der Wollust, das Lagerhaus, in das Männer greifen, um ihre Freuden zu finden, wohin sie die brennenden Fluten ihrer Lust richten." Was spielt es für eine Rolle, ob du deine Pflicht durch diesen reinen Kanal erfüllst (ihren Mund küsst) oder durch den anderen (unten berühren), der ansteckend ist?" Er überredete sie ohne Überredung zu dem, wozu sie bereit war. "Oh!" Sie sagte lächelnd: „Was für eine Melodie und was für eine Flöte soll ich in unserem Konzert spielen!" Sie nahm sein Glied in die Hand, das sich zu heben begann. Sie ergriff die Spitze seines Pfeils zwischen ihren Lippen und drehte ihre Zunge darum, was bei dem Glied, das in sein neues Gefäß glitt, neuartige Freudengefühle hervorrief. Aber als sie spürte, dass die Fontänen der Sole der Venus kurz davor standen, hervorzubrechen, schreckte sie vor Entsetzen zurück. „Du würdest mich nicht so weit erniedrigen", sagte meine Mutter, „dass du mich zwingen würdest, einen Mann in flüssiger Form zu trinken?" Sie hatte kaum gesprochen, als ein üppiger Regenschauer auf ihr Gewand fiel. Er zeigte etwas Ärger. „Wie konntest du nur so dumm sein", schrie er, „so dass du so gute Arbeit verderbst!" Sie antwortete: „Verzeih mir, das nächste Mal wirst du mich gehorsamer finden." Sie hielt ihr

Wort und trank tatsächlich Männer in flüssigem Zustand – eine würzige Sache, denn tatsächlich ist der Samen würzig mit Salz!" (Zifferblatt VII.)

Mancia erwies sich auf diese Weise auch Marino gegenüber gefällig; Eleanor erzählt es auf Aloysia Sigaea :

"Meine Cousine Mancia hat einen Neapolitaner namens Marino geheiratet. Marino brennt überall vor Ausschweifung. Der Wüstling sucht die Frau in Mancia sogar über den Brüsten; er will ihren Mund, als hätte die Vulva der jungen Frau dort Zuflucht gesucht, oder als hätte der Mund mit der Vulva einen Handel geschlossen, um an den Spielen der Venus teilzunehmen. Ich beschuldigte sie, eine so unnatürliche Handlung zugelassen zu haben. "Was hättest du?" Sie sagte. "Marinos Instrument beschäftigt meinen Mund, also kann ich mich nicht beschweren. Wir gefallen unseren Männern nur, weil wir Frauen sind. Egal wohin sie gebracht wird, wenn eine Frau nur beweist, dass sie eine Frau ist, wird sie zufrieden sein." (Zifferblatt VII.)

Auch Alfonso versucht, Eleanor selbst auf die gleiche Weise zu engagieren:

"Schau dich an! "Ottavia ", fügte Eleanor hinzu, "wie leidenschaftlich Alfonso liebt. Vor einigen Tagen präsentierte er ihn mir, nachdem er seinen Speer mehrmals auf die richtige Art und Weise geführt hatte, in den Mund. "Dein Katapult, mein Alfonso", sagte ich, "ist nicht dafür gemacht, diese Tür zu durchbrechen; Du bist verrückt und willst mich genauso machen. "NEIN! Ich würde dich gern verrückt machen, nicht mich selbst; Dass du mich liebst, verdanke ich deinem Wahnsinn, nicht meinen eigenen Verdiensten. Wenn ich wahnsinnig werde, vergesse ich vielleicht den Respekt, den ich dir schulde, und ich würde lieber sterben, als aufzuhören, nur für dich zu leben." Diese Worte erweichten mein Herz und bewogen mich, ihm bei diesem Spiel zu helfen. Ich ergriff seinen entzündeten Pfeil mit gutem Herzen zwischen meinen Lippen. Aber das war alles, sein Glied kehrte freiwillig an den Ort zurück, den es verlassen hatte, und beendete seine Heldentaten, die es unverschämt oben begonnen hatte, genau in der Gegend der Mitte." (Zifferblatt VII.)

Gonzalvo von Cordova war ein weiterer Amateur dieser Art. Aloysia Sigaea :

" Gonzalvo von Cordova, ein berühmter General, soll in seinem Alter großen Gefallen an dieser Art von Wollust gefunden haben." (Zifferblatt VII.)

Der lüsterne Einfallsreichtum von Tiberius erfand eine neue Art der *Fellation* .

> „Seine Schandtaten gingen noch weiter und führten zu solch berüchtigten Ausschreitungen, dass es ebenso schwierig ist, sie zu erzählen, als ihnen zuzuhören; sie sind kaum glaubwürdig. Er brachte kleine Kinder im zartesten Alter dazu, zwischen seinen Beinen zu spielen, während er in seinem Bad schwamm, und nannte sie seine kleinen Fische, die ihn leicht mit Zunge und Zähnen berührten, und zwar wie Babys von wenig Kraft und Wachstum , obwohl noch nicht entwöhnt, um an seinen Geschlechtsteilen zu saugen, wie sie es an der Brust ihrer Mutter tun würden. Sein Alter und seine Neigung prädisponierten ihn vor allen anderen für diese Art von Vergnügen." (Suetonius, *Tiberius* , Kap. 44).

Eine Darstellung dieses genialen Wüstlings, während er von seinen kleinen Fischen gekitzelt wird, ist auf Tafel XVIII zu sehen. der *Monuments de la vie privée des douze Césars* .

Männer im fortgeschrittenen Alter, deren Glied ihrem Willen nicht mehr gehorchen will, neigen eher zur Irrumation als andere. Auf diesen Umstand bezieht sich die Passage in Martial, IV., 50:

> „Kein Mann ist zu alt, um ihn zu belästigen."

XI., 47:

> „Gewinne die Höhen; dort wird dein altes Glied wieder aufleben."

Und III., 75:

> „Deine Mentula, Lupercus , hat schon lange aufgehört, sich zu versteifen; Dennoch strebst du in deiner Torheit danach, es steigen zu lassen. Du bist jetzt geneigt, reine Lippen für Gold zu verderben; aber trotzdem wird deine Venus vergeblich angeregt."

Aus diesem Grund Irrumatoren werden von verheirateten Männern weniger gefürchtet. Daher ging Martial in der zuvor zitierten Passage (X., 40) milder mit Lupus um, den er beim Irrumieren seiner Polla überrascht hatte. Der Ehemann von Glycera , wenn es so war, dass sie einen hatte, hätte auch nicht befürchten müssen, dass Lupercus seine Pflicht für ihn erfüllen würde, Martial, XI., 41:

> „ Lupercus liebt die schöne Glycera ; er ist ihr Herr und Meister, und er allein. Er beklagte sich bitterlich darüber, dass er sie einen Monat lang nicht geliebt hatte; Aelianus fragte nach dem Grund – er antwortete, Glycera habe Zahnschmerzen."

Lepidinius vertritt im *Hermaphroditus* (I., 13) die Meinung, dass jemand, der einmal irritiert hat, die Gewohnheit niemals loswerden oder aufgeben kann. Die Entscheidung darüber muss ich Experten überlassen. Das denkt auch Aloysia Sigaea : „Wer es einmal probiert hat, wird verrückt nach diesem Genuss." (Zifferblatt VII.)

Kein Wunder, dass nach der Fellation das Maul mit Wasser ausgespült werden muss. Martial spielt darauf an, II., 50;

> „Du leihst deinen Mund und trinkst dann Wasser, Lesbia ; ganz richtig, – wo deine Arbeit ist, da nimmst du Wasser."

Priapeia , XXX., sagt:

> „Geh durch die Weinberge, und wenn du eine der Trauben stiehlst, wirst du, Fremder, Wasser haben, das du dir auf andere Weise holen kannst."

Priapus bedeutet: „Du bist gekommen, um Wasser zu trinken zu holen; aber wenn du irgendwelche Trauben pflückt, werde ich dich belästigen, und dann wirst du lieber Wasser zum Ausspülen deines Mundes als zum Trinken wollen." Martial sagt dies auch zu Chioné im oben zitierten *Epigramm* III, 87.

Um die Ausleihe des Mundes zu bitten, bedeutet, etwas zu verlangen, das viel schändlicher ist als die beiden anderen Öffnungen. Martial, IX., 68:

> „Die ganze Nacht hatte ich Besitz von einem unzüchtigen jungen Mädchen; Ich habe nie jemanden gekannt, der ungezogener ist . Müde von tausend Posen, bat ich um den kindischen Gottesdienst; Bevor ich mit der Frage fertig war, drehte sie sich sofort um, um ihr zu gehorchen. Lachend und errötend fragte ich etwas Schlimmeres – der Frevler stimmte sofort zu" [84] .

Diejenigen, die sich in dieser Lage befanden, achteten gut darauf, nicht überrascht zu werden; Martial, XI., 46:

> „Wenn Sie die Schwelle eines Zimmers mit einem Namensschild überschritten haben, egal ob es sich um einen Jungen oder ein Mädchen handelt, das Ihnen zur Begrüßung zulächelt, geben Ihnen Türen, Vorhänge und Schlösser keine Freude, und Sie möchten noch sicherer sein, dass Sie nicht beobachtet werden . Geheimnis ist das, was Sie wollen; Sie schauen misstrauisch auf den kleinsten Spalt in der Tür und stoppen ihn; Das Gleiche gilt für das kleinste Loch, das von einer neugierigen Hand gemacht wurde. Niemand kann in seinem Handeln bescheidener und umsichtiger sein, Cantharus, als der Mann, der pedizieren oder kopulieren will."

Die alten Römer scheuten sich jedoch nicht, sich zu ärgern, wie aus der Verwendung dieses Wortes durch Catull hervorgeht, so verächtlich es auch sein mag. Wofür sie *sich* schämten, war *Fellation* . Es liegt zwar eine gewisse kühne Kühnheit darin, die aktive Rolle zu spielen, aber nicht in der passiven, besonders wenn der Mund, das edelste Organ des Körpers, solch abscheuliche Aufgaben zu erfüllen hat. Hinzu kommt, dass diese Angewohnheit einen überlriechenden Atem annahm, den die *Kerle* mit allen Mitteln zu verbergen versuchten, weil sie fürchteten, Mitgäste am Tisch und Bekannte, die sie auf der Straße mit einem Kuss begrüßen würden, in die Flucht zu schlagen.

Fellatoren waren den Gästen am Tisch so zuwider, dass ihnen keine Tassen [85] angeboten wurden, oder wenn sie angeboten wurden, wurden sie hinterher zerbrochen [86] , und nur mit größter Abneigung würde jemand sie küssen Mund [87] , wenn er zum Gruß präsentiert wird. Daher war es besser, für einen *Cinede gehalten zu werden, als für einen Fellator* gehalten zu werden [88] , wie Phoebus in Martial, III., 73:

> „Du schläfst mit Jünglingen, deren Glieder ganz groß sind, und was mit ihnen aufsteigt, wird nicht mit dir aufsteigen. Bitte, Phoebus , sag mir, was muss ich vermuten? Wenn ich denken könnte, dass du nur verweichlicht wärst! Aber Gerüchten zufolge bist du kein *Cinede* !"

Der Fall von Callistratus , in XII., 35 unseres Autors , ist ein ähnlicher Fall:

> „Du bist sehr offenherzig zu mir, Callistratus , und du sagst mir, dass sie dir das oft antun. Sie sind nicht ganz so einfach, wie Sie scheinen; Der Mann, der solche Dinge erzählt, erzählt nicht von anderen, die schlimmer sind. [89] "

Aus dem gleichen Grund wird Charidemus nicht als *Patient* bezeichnet und zeigt seine mit Haaren bedeckten Beine und Brust. Martial fordert ihn auf (VI., 56), sich so zu arrangieren, dass er eher wie ein Diener als wie ein *Fellator erscheint* :

> „Weil deine Beine mit Borsten bedeckt sind, deine Brust mit Haaren, denkst du, Charidemus , deine Worte der Nachwelt zu überliefern; Befolgen Sie meinen Rat und zupfen Sie die Haare am ganzen Körper aus und lassen Sie sich die Enthaarung Ihres Gesäßes bescheinigen. Warum so? Sie fragen. – Sie wissen, dass die Welt viele Geschichten erzählt; Versuchen Sie, sie glauben zu machen, dass Sie lediglich gepädet wurden ."

Fellation erhielt, da es nur fair war, eine Bezahlung, und zwar eine hohe Bezahlung. Martial, XI., 67 zeigt dies:

„Du bist Informant und Erpresser, Betrüger und Betrüger, *Fellator*
und Tyrann. Das Wunder ist, dass du kein Geld hast."

Und noch einmal, III., 75:

„Dein Mitglied, Lupercus , hat schon lange aufgehört, sich zu
versteifen; Dennoch strebst du in deiner Torheit danach, es steigen
zu lassen. Es nützen weder Krautkraut noch üppige Zwiebeln, und
das provokante Bohnenkraut nützt Ihnen nichts. Du bist jetzt geneigt,
reine Lippen für Gold zu verderben; aber trotzdem wird deine Venus
vergeblich stimuliert. Aber – etwas, worüber man sich wundern kann
und das man kaum glauben kann –, was nicht steigen wird, Lupercus
, steigt, wenn man eine hohe Gebühr zahlt."

Aber wenn es um das Thema Fellation geht, dürfen wir den Raben nicht
schweigend ignorieren, den unsere ständige Autorität (Martial, XIV., 74)
einen *Fellator nennt* :

„Grüßender Rabe [90], warum nennen sie dich *Fellator*? Niemals ist
eine Mentula in deinen Schnabel eingedrungen."

Tatsache ist, dass Unwissende glaubten, der Rabe habe den Koitus mit
seinem Schnabel vollzogen:

Plinius sagt: „Die vulgäre Herde glaubt, dass sie den Koitus betreibt und
sich mit ihrem Schnabel fortpflanzt." Aristoteles bestritt dies und sagte, dass
Raben lediglich Küsse auf die gleiche Weise austauschen, die jeder kennt, wie
es Tauben tun." (*Naturgeschichte* , X., 12.)

Erasmus bestreitet in seiner *Adagia* unter dem Wort *Lesbiari* (S. 409 der
Frankfurter Ausgabe, 1670), dass zu seiner Zeit die obszöne Praxis der
Irrumation noch bekannt war:

„A**** (lecken) ist, wenn ich mich nicht irre, bei den Griechen
dasselbe wie *Fellare* bei den Lateinern. Das Wort bleibt tatsächlich;
aber die Sache selbst ist, glaube ich, schon lange abgeschafft worden."

Ich fürchte, das ist nicht wirklich der Fall. Jedenfalls wurde mir mitgeteilt,
dass diese Praxis nicht ganz im Widerspruch zu den Gewohnheiten der
Wüstlinge der Gegenwart steht; diejenigen müssen entscheiden, wessen
Möglichkeiten sie in große Städte führen. Tafel XXI., in den *Monuments de la
vie privée des douze Césars* stellt einen *Fellator dar* . Allerdings gehört das fragliche
anmutige Bild eigentlich eher zur Kategorie der „ spintrischen Haltungen",
von denen wir gleich mehr sprechen, als zum vorliegenden Kapitel.

---

60 . Sie sehen, wir folgen der gleichen allgemeinen Reihenfolge wie in der *Priapeia* , VII.

> „ *Ich* warne dich, Junge, ich möchte dich strafen ; mit dir, mein Mädchen, werde ich kopulieren. Der *dritte* Strafstoß bleibt dem bärtigen Grobian vorbehalten.“

61 . Eustathios , S. 741 ist sehr zweideutig: „ Lesbischisieren – eine schändliche Handlung begehen.“

62 . Ich weiß nicht ganz, ob sich die folgende Passage aus den *Thesmophoriazusae* (915-917) darauf bezieht oder nicht:

> „Nun, unglückliches Mädchen, du sehnst dich nach Vergnügen nach dem ionischen Modus. Außerdem denke ich, dass du ein Labda bist , so wie es bei den Lesben der Fall ist.“

Aufgrund des ersten Buchstabens des Wortes „Lesbianize“ scheint eine Fellatrix den Namen Labda getragen zu haben ; die Passage steht jedoch ziemlich isoliert da, nämlich in der von Varro, die von Nonius überliefert ist und sich auf die Anmerkung von Scaliger zur *Priapeia* LXXVIII bezieht ., wo wir finden:

> „ Depsistis , decite . “ Labdae .“

Die Lesart ist zweifelhaft und der Sinn unklar. Der Vers des Ausonius, *Epigr* . 128:

> „Wenn er seine Zunge reinsteckt, dann ist er ein Labda “ hat mit dieser Frage nichts zu tun, wie wir später zeigen werden.

63 . Ich weiß nicht, ob der Spitzname Rododaphné (Rosenlorbeer), den Timarchus in Syrien erhielt (*ebd.* , Kap. 27), nicht *cunnilingue bedeutet* , da unter Rose die weiblichen Teile und die Lorbeerblätter verstanden werden bedeutet die leckende Zunge. Dieser Nachname hatte für Lucian zweifellos einen obszönen Sinn, den er nicht preisgeben wollte: „In Syrien nennt man dich Rododaphné , warum? Ich würde erröten, wenn ich es sagen würde.“

64 . Hier ist der vorhergehende Satz, „der Galens Bedeutung besser verdeutlichen wird: Schweiß, Urin oder Menstruation zu trinken ist eine abscheuliche und abscheuliche Praxis; Bei menschlichen Exkrementen ist dies umso mehr der Fall, ungeachtet dessen, was Xenokrates über ihre wohltuende Wirkung geschrieben hat, wenn sie anstelle einer Salbe auf Mund oder Rachen aufgetragen oder geschluckt wird. Er hat auch von der

Aufnahme von Ohrenschmalz durch den Mund gesprochen. Ich selbst konnte mich nicht entschließen, davon zu essen, obwohl es meine Krankheit sofort heilen würde. Von allen abscheulichen Dingen sind meiner Meinung nach die menschlichen Exkremente die abscheulichsten."

<u>65</u>. Tacitus, *Annalen*, XI., 26.

<u>66</u>. Wir werden hier die seltsame Passage von Jean Burchard wiedergeben, dem wir diese Geschichte verdanken. Es ist seinem *Diarium* entnommen , herausgegeben von Leibnitz, 1696, S. 77:

> „Am letzten Sonntag im Oktober hatte der Herzog von Valentinois zum Abendessen in sein Gemach" (das Gemach Alexanders VI.) „im Apostolischen Palast fünfzig wunderschöne Prostituierte, sogenannte Kurtisanen, eingeladen, die nach dem Abendessen mit den Kammerdienern und anderen tanzten." Anwesende Personen, zunächst bekleidet, dann nackt. Danach wurden der Tisch und hier und da Kronleuchter mit brennenden Kerzen auf den Boden gestellt und Kastanien herumgeworfen, die die Kurtisanen einsammelten und sich ganz nackt auf Händen und Knien zwischen den Kronleuchtern, dem Papst, dem Herzog und seiner Schwester Lucrezia bewegten präsent sein und zuschauen. Schließlich wurden Geschenke mitgebracht: Seidenmäntel, Paar Schuhe, Kopfbedeckungen und andere Gegenstände, die denjenigen gegeben werden sollten, die mit der größten Anzahl dieser Kurtisanen gepaart hatten: Sie wurden im dortigen Raum, den Zuschauern, öffentlich bewundert Sie fungierten als Schiedsrichter und verliehen den Siegern die Preise."

<u>67</u>. Nola war eine Stadt im Gebiet der Kampaner. Aus diesem Grund wurde die von Horaz erwähnte *kampanische Krankheit* (*Sat. I.* , V., 62) mit Ausschweifung in Verbindung gebracht, jedoch ohne ausreichenden Grund.

<u>68</u>. Varro ist laut Nonius sein *Marcipor* : „Er führte später den männlichen Rand in seine Speiseröhre ein: Er beleidigt den Mund von Volumnus ."

<u>69</u>. Martial, III., 75:

> „Du machst es dir zur Aufgabe, reine Lippen für Gold zu verderben."

Und nochmal II., 28:

> „Nicht einmal Vetustillas warmer Mund bereitet dir mehr Freude."

<u>70</u>. „Wie gewohnt er war, die Köpfe der berühmtesten Frauen anzugreifen, wird deutlich durch das Abenteuer Mallonias bewiesen , die, von ihm verdorben, sich weigerte, sich ihm erneut zu unterwerfen. Er ließ sie von seinen Informanten beschuldigen und fragte sie während des Prozesses immer wieder, ob sie sich etwas vorzuwerfen hätte. Ohne das Urteil

abzuwarten, rannte sie nach Hause, bezauberte sich mit einem Dolch und tadelte lautstark den widerlichen, haarigen Idioten, weil er ihren Mund missbrauchen wollte." (Suetonius, *Tiberius*, Kap. 45).

<u>71</u>. Er war so froh, das transalpine Gallien gewonnen zu haben, dass er nicht umhin konnte, einige Tage später im Senat zu verkünden, dass er trotz des Hasses und der Bosheit seiner Feinde die Erfüllung seiner Wünsche erreicht hatte und dass er sich ihnen widersetzte Gesicht. Als ihm jemand beleidigend sagte, dass dies bei einer Frau nicht so einfach zu bewerkstelligen sei, antwortete er scherzhaft, dass Semiramis ein Königreich erlangt habe und die Amazonen einen großen Teil Asiens besetzt hätten (Suetonius, *Caesar*, Kap. 22). Caesar verwendete den Ausdruck „dem Angesicht trotzen" im ehrlichen Sinne, während sein Gegner ihm eine obszöne Bedeutung verlieh, in Anspielung auf seine berüchtigten Taten in Bithynien.

<u>72</u>. Ich spreche von denen, deren abscheuliche Wollust und abscheuliche Wollust nicht einmal den Kopf verschont. (Lactantius , *Instit*. *Div*. VI., 23.) Ähnlich Juvenal, VI., V. 299, 300:

> „Was kümmert die betrunkene Venus? Sie kennt den Unterschied zwischen Leiste und Kopf nicht."

<u>73</u>. Martial, II., 72:

> „Sie sagen Posthumus , dass sie dir gestern Abend beim Abendessen etwas angetan haben, was ich ihnen nicht erlaubt hätte ; – wer könnte solche Taten gutheißen? Sie spalten dir den Mund! ..."

Dann spielt er mit den Worten „Gerücht" und „Irrumate" und fügt hinzu:

> „... Als Urheber dieses Verbrechens nennt das Gerücht der Stadt Caecilius ."

Und noch einmal III., 73, *ebd.* :

> „ Gerüchten zufolge bist du kein Cinede ."

III., 80:

> „ Gerüchten zufolge hast du eine böse Zunge."

Und III., 87:

> „ Gerüchten zufolge, Chioné , ist deine Vulva intakt, dass nichts reiner sein könnte als sie. Doch du badest, ohne das zu bedecken, was bedeckt werden sollte; Wenn du dich schämst, dann zieh deine Unterhosen über dein Gesicht."

Percidere allein eingesetzt bedeutet pedizieren . *Martial* IV., 48; VII., 61; IX., 48; XI., 29; XII., 35; und *Priapeia* , XII., XIV. In manchen Exemplaren steht *praecidere* statt *percidere* , aber das scheint eine unhaltbare Lesart zu sein.

<u>74</u> . *Martial* , XI., 47:

> „Warum plagen Sie vergeblich unglückliche Vulva und Hinterteile? Gewinnen Sie nur die Höhen, denn dort wird jedes alte Mitglied wiederbelebt.

Priapeia LXXV.:

> „Durch die Mitte von Jungen und Mädchen reist das Mitglied; Wenn es auf ein bärtiges Kinn trifft, strebt es in die Höhe.“

<u>75</u> . *Priapeia* XXVII.:

> „Ein fußlanges Amulett wird dich verehren ; Wenn dich das nicht heilt, gehe ich höher.“

<u>76</u> . Plautus, im *Amphytrion* , I sc. 1, 192:

> „Ich werde heute die böse Zunge zusammendrücken.“

Die Lateiner verwendeten das Verb „komprimieren“ für „ *irrumate* “, als wäre es eine Form der Unzucht; und ebenso „aufgespalten“, als wäre es eine Form der Pedikation .

<u>77</u> . Plutarch: „Es wird berichtet, dass Cäsar in der Nacht vor dem Übergang des Rubikons einen schrecklichen Traum hatte; Er träumte, dass er abscheulichen Geschlechtsverkehr mit seiner Mutter hatte.“ (*Leben* , *Julius Cäsar* , XXXII.) Die Interpretation von Hesychius bezieht sich darauf : — abscheuliche Taten zu begehen.“

<u>78</u> . Suetonius: „Ein Bild von Parrhasius , der Atalanta dabei darstellt , wie sie Meleager selbstgefällig ihren Mund leiht, wurde ihm vermacht, mit der Alternative, dass er stattdessen eine Million Sesterzen haben könnte, wenn das Thema ihn beleidigen würde.“ Er mochte das Bild nicht nur, sondern ließ es auch feierlich in seinem Schlafzimmer aufhängen.“ (*Tiberius* , Kap. 44.)

<u>79</u> . Horaz, *Epode* VIII., 17-20:

> „Ist das Mitglied der Ungebildeten weniger starr? Ist es nicht so lang wie die der gebildeten Männer? Damit es aus der Leistengegend hervorragend steht, muss man es nur mit dem Mund bearbeiten.“

<u>80</u> . Martial, II., 62:

> „Kaum schmückte ein zweifelhafter Flaum deine Wange, da leckte deine Zunge schon über die Mittelteile der Männer.“ Dasselbe III., 81:

„ Baeticus , du, ein Gallier, was hast du mit der Frauengrube zu tun?"
Deine Zunge sollte die Mitte von Männern lecken."

Ausonius, *Epigr*. CXX:

> „Als Castor sich vergeblich danach sehnte, die Mitte von Männern zu
> lecken, aber niemanden mit nach Hause nehmen konnte, fand er
> Mittel, um nicht jedes Vergnügen dieser Art zu verlieren, obwohl er
> ein Kerl war; Er fing an, die Organe seiner eigenen Frau zu lecken."
> Mit anderen Worten: Vom *Fellator* wurde Castor zum *Cunnilingue* .

81 . Martial, III., 88:

> „Sie sind Zwillingsbrüder, aber sie saugen an unterschiedlichen
> Zitzen: Sag mir, sind sie ungleicher oder ähnlicher?"

Der eine war ein *Fellator* , der andere ein *Cunnilingue* .

Nochmals VII., 54:

> „Du sollst nicht meinen saugen, der ehrlich und klein ist, sondern ein
> Mitglied, das dem Feuer von Solymas Stadt entkommen und zum
> Tribut verurteilt wurde."

Ich weiß nicht, woher Scioppius (*Priap*. X) weiß, dass Martial gut ausgestattet
war; Letzterer bekennt in dieser Passage, dass seine Mentula recht klein
gewesen sei. Um Chrestus zu beleidigen , befiehlt er ihm, nicht seine, sondern
die Mentula eines jüdischen Sklaven zu lecken. Er erwähnte diesen jüdischen
Sklaven bereits im *Epigr*. 34 des gleichen Buches :

„Mein Sklave trägt ein schweres jüdisches Paket ohne Hülle." Das bedeutet,
dass sein Glied beschnitten ist , wobei die Drüse unbedeckt ist, ohne
Vorhaut, mit einem Wort: „ Recutitus ". So ist meiner Meinung nach das
Recutitorum zu verstehen *Leine virorum* von Martial, VII., 29: Er bedeutet „die
männlichen Teile beschnittener Männer", deren Drüsenhaut zurückgezogen
ist. *Recutitus* steht für *recinctus* , *regelatus* , *reseratus* . Viele andere Wörter, χ
revincire hat ebenfalls zwei Bedeutungen und daher sollte kein Zweifel an
Martials Ausdruck entstehen: *recutita Colla mulae* (IX., 58), was sich darauf
bezieht, dass die Maultiere eine neue Haut haben, die ihren Hals bedeckt. Ich
bin anderer Meinung als diejenigen, die glauben, dass diejenigen *Recutiti*
genannt wurden, deren Vorhaut wieder zu wachsen begann; Ein *Recutitus* war
für die Römer ein Gegenstand der Verachtung. Petronius: „Er hat zwei
Fehler, sonst wäre er wie jeder andere Mann *recutitus.* ". *est et sertit* . Er ist
beschnitten und schnarcht" (*Satyr.* , Kap. 28). Es ist unmöglich anzunehmen,
dass die *Eichel* mit einer neuen Vorhaut bedeckt ekelhafter sein könnte als
ohne überhaupt.

82 . Ein Mensch, der belästigt wird, kann nicht sprechen, da sein Mund durch die Mentula verstopft ist, also: er schweigt. Martial, III., 96 sagt zu Gargilius , einem *Cunnilingue* , und droht ihm mit der dritten Strafe, falls er ihn dabei erwischen sollte:

> „Wenn ich dich dabei erwischen sollte, Gargilius , werde ich dich zum Schweigen bringen.“

Verheiratete Männer hatten die Angewohnheit, bartlose Erwachsene zu peinigen und die bärtigen zu belästigen. Aus diesem Grund warnt Martial Gallus (II., 47), die Verführungen einer berühmten verwegenen Dame zu meiden, da er Gefahr liefe, von ihm verärgert zu werden, wenn er vom Ehemann auf frischer Tat ertappt würde:

> „Dein Gesäß, auf das du dich verlässt? Aber der Ehemann ist kein Päderast; er mag nur zwei Arten, entweder den Mund oder die Vulva.“

Und aus dem gleichen Grund willigt er in *die Heirat ein* Thelesina (II., 49):

> „Keine Thelesina für mich als meine Frau! Warum? – Sie ist eine Prostituierte. Nein! aber sie bezahlt junge Burschen. Dann stimme ich zu.“

Dann gibt es eine Klage wegen Täuschung gegenüber der Geliebten von Polla , seiner Geliebten (X., 40):

> „Ständig wurde mir gesagt, dass meine Polla mit einem unbekannten Cinede vertraut war . Nun, ich überrasche sie, Lupus; Er war kein Film .

Anstelle eines Jungen, den er gepeinigt hätte , findet er einen kühlen, erfahrenen Galanten, der sein Verbrechen überhaupt nicht mit dem Hintern sühnen kann. Martial hätte ihn jedoch möglicherweise noch grausamer bestrafen können, indem er entweder eine Meeräsche in sein Fundament gezwungen hätte (Juvenal, X., 317):

„Es gibt Ehebrecher, die die Meeräsche durchbohrt“; oder ein Rettich. „Als er in Armenien beim Ehebruch ertappt wurde, rannte er mit einem Rettich im Hintern davon.“ (Lucian, *De Morte Peregrini* , – Werke, Bd. VII., S. 425.) Catull XV., 18, 19:

> „Wenn sie deine Füße auseinanderziehen und deine Hinterpforte weit öffnen, werden sie Rettich und Meeräsche in dich stecken.“

Martial hat auch den Ausdruck „ *schweigen“ verwendet* , im oben genannten Sinne, aber etwas unklarer, IX., 5:

> „Wenn du in zwei Öffnungen arbeiten kannst, Galla , und in beiden mehr als die doppelte Arbeit leisten kannst, warum, Aischylos,

bekommt sie dann den zehnfachen Lohn? Sie fällt, aber das ist sicher nicht so teuer. Nein! es liegt daran, dass sie schweigen muss!"

Es ist nicht ihre Schande, die Galla so teuer verkauft; Es ist die Unannehmlichkeit, während des Prozesses schweigen zu müssen, was für einen Schwätzer „eine sehr ernste Angelegenheit" ist, wie Martial sagt, IV., 81. Buch XII., *Epigr*. Darauf verweist auch das später zitierte S. 35.

<u>83</u> . Ebenso verhält es sich mit dem Wort *stuprum* . Festus: Die Alten verwendeten das Wort stuprum für Schandtat, wie es im Lied des Neleus vorkommt .

> „ Foede Stupreque castigor Cotidie . (Ich werde jeden Tag schändlich und schändlich geschlagen.)

Naevius : „Sie würden lieber sterben, als zu ihren Mitbürgern zurückzukehren, *cum stupro* ."

<u>84</u> . Zuerst leiht der Schurke ihre Vulva, dann ihr Gesäß und zuletzt ihren Mund. Manche vermuten, dass der vollbusige Spatalé von Martial, II., 52 ebenso verschwenderisch war:

> „ Dasius war klug darin, die Badegäste zu zählen; Er verlangte von der vollbusigen Spatalé das Honorar für drei Frauen, und sie zahlte."

Aber ich glaube, dass sie dem guten Spatalé Unrecht tun . Dasius , der Bademann, wollte nur, dass Spatalé , deren Reize üppig und üppig waren und genauso viel Platz einnahmen wie drei andere Frauen, für drei bezahlen sollte.

Die Phyllis of Martial, XII., 65, zeigte sich in jeder Hinsicht liberal:

> „Die schöne Phyllis, die sich die ganze Nacht über in jeder Hinsicht als recht liberal erwiesen hat ..."

Daraus werden Sie verstehen, was Martial mit „nichts ablehnen" meint (XI., 50):

> „Ich werde dir nichts verweigern, Phyllis; denn du verweigerst mir nichts."

Und ebenso IV. 12:

> „Du weist niemanden zurück, Thaïs. Wenn du dafür keine Schande kennst, dann erröte wenigstens, dass du nichts ablehnst, Thaïs!"

Und noch einmal, XII., 72:

> „Es gibt nichts, Lygdus , was du mir jetzt nicht verweigerst; Es gab eine Zeit, da gab es nichts, was man leugnete!"

Und er sagt (XII., 81) direkt:

„Wer nichts ablehnt, Atticilla , ist scheiße.“

In diesem Sinne weigerte sich Mallonia , Tiberius völlig ausgeliefert zu sein; Sie hatte ihn bereits in ihre Vulva und ihren Anus aufgenommen, aber als es zum Mund kam, konnte das arme Mädchen ihren Ekel nicht überwinden. Wir haben zuvor die Passage von Sueton zitiert. Von einer Frau, die nichts ablehnt, sagt Arnobius (II., 42): „Dass sie bereit ist, alles zu ertragen“, und von einer Frau, die betrunken ist, „so sehr, dass sie nichts ablehnen kann.“ Ovid sagt (*Art of Love* , III., Vers 766):

„Sie ist allen Arten von Übergriffen gewachsen.“

<u>85</u> . Martial, II., 15:

„Du bietest deinen Kelch keinem Menschen an; Es ist Diskretion, Hermus , das Verbot, nicht Stolz.“

Und VI., 44:

„Niemand, Calliodorus, darf aus deiner Tasse trinken.“

Seneca: Als Caius Caesar von Freunden, die sie ihm gebracht hatten, Geldsummen für die Kosten der Spiele annahm, weigerte er sich, einen größeren Betrag von Fabius Persicus anzunehmen . Seine Freunde, die nicht auf den Charakter des Absenders, sondern auf den Wert der gesendeten Summe achteten, warfen ihm vor, dass er sich geweigert hatte. "Was!" sagte er: „Soll ich den Dienst eines Mannes annehmen, aus dessen Kelch ich nicht trinken sollte?“ (*De Beneficiis* , II., 21.) Fabius Persicus war ein *Fellator* , kein *Cunnilingue* ; Dies geht aus der Kontroverse hervor, die Seneca über ihn führte, nämlich: Was ein Gefangener tun sollte, den ein Mann um den Preis freikaufen sollte, dass sein Körper prostituiert und sein Mund besudelt wird.

<u>86</u> . Martial, XII., 75:

„Es ist keine Kleinigkeit, Flaccus, wenn du mit ihnen trinkst; und dann müssen sie den Kelch zerbrechen, den sie berührt haben.“

Und Macedonius in den *Analecta* von Brunck , III., 116:

„Gestern hat eine Frau mit mir getrunken, deren Ruhm alles andere als gut ist; – macht die Tassen kaputt, meine Jungs!“

<u>87</u> . Martial, XI., 96:

eines Fellators begegnest , kann ich mir vorstellen, oh Flaccus , wie du deinen Kopf ins Wasser tauchst.“

Und ich., 95:

„Du hast schlecht gesungen, Agelé , als du *per vulvam geliebt wurdest* . Jetzt küsst dich niemand mehr und du singst gut.“

Und ich., 84:

> „Dein Schoßhündchen, Manneia , leckt deinen Mund und deine Lippen. Ich bin kein bisschen überrascht; Hunde mögen Dreck.“

Seneca: „Und mark! Er hat diesen Fabius Persicus , dessen Küsse selbst von Leuten gemieden werden, die keine Scham kennen, erst neulich zum Priester gemacht.“ (*De Beneficiis* , IV., 30.)

88 . Es kommt von Martial *Epigramm* (XI., 99), dass der Kuss auf den Mund bei den Römern üblich war; *Fellatoren konnten* daher nicht überrascht sein, dass ihre Küsse vermieden wurden. Der Dichter von Bilbilis verspottet sie noch einmal (II., 42):

> „ Zoilus , warum solltest du das Bad verderben, indem du deinen Hintern darin badest?“ Wenn Sie es noch schmutziger machen möchten, stecken Sie Ihren Kopf hinein.“

Und VI., 81:

> „Du badest, Charidemus , als ob du einen Groll gegen die Menschheit hegst, indem du deine Geschlechtsteile vollständig in die Badewanne eintauchst. Ich möchte nicht, dass du dir auf diese Weise den Kopf wäschst, Charidemus ; und jetzt schau! Du wäschst dir den Kopf. Mir wäre es lieber, wenn es deine Privatsphäre wäre!“

89 . Im letzten Vers gibt es zwei verstohlene Stiche; Beim ersten geht es um das Nicht-Erzählen (*tacet* – schweigt), ein Ausdruck, der zur Bezeichnung eines *Fellators verwendet wurde* ; Das zweite ist das Wort „erzählen“ (*narrat*), wobei der ehrenhafte Gebrauch des Mundes für das Unehrenhafte gilt , wie in Epistel III., 84:

> „Was erzählt (*erzählt*) deine Hure? – Nein! Ich meine nicht dein Mädchen, Tongilion ! – Was dann? – Deine Zunge!“

90 . Bei Macrobius (*Saturnalien , II., 4)* finden Sie , warum er salutierend genannt wurde. Augustus kehrte als Sieger aus Actium zurück; Unter denen, die kamen, um ihm zu gratulieren, war ein Mann, der einen Raben hielt, dem er beigebracht hatte zu rufen: „Ich grüße dich, Cäsar, Sieger und Kaiser!“ Caesar, der diesen schmeichelhaften Vogel bewunderte, kaufte ihn für 20.000 Sesterzen.

HANDBUCH DER KLASSISCHEN EROTOLOGIE

ZWEITER BAND

KAPITEL IV

DER MASTURBATION

Das Glied durch Reibung mit der Hand zu erregen, bis das Sperma herausspritzt, nennen die Alten Masturbation, von *masturbare* , also *manu stuprare* – mit der Hand verunreinigen. Dies kann mit der eigenen Hand erfolgen oder durch Ausleihen der Hand eines anderen. Wenn man es alleine macht, wird im Allgemeinen die linke Hand verwendet, daher der Ausdruck „linke Hure" in Martial, IX., 42:

> „Du, Ponticus , tritt niemals in eine Frau ein, sondern benutze deine linke Hure und mache deine Hand zur Geliebten zu deinem Vergnügen; Glaubst du, das ist nichts? Glauben Sie mir, es ist ein Verbrechen, ja! ein Verbrechen und schlimmer, als Sie sich vorstellen können. Der alte Horatius kopulierte jedenfalls einmal, um seine drei Söhne zu zeugen; Mars einmal, um Ilia mit Zwillingen keusch zu machen. Keiner von ihnen hätte es tun können, wenn sie sich durch Masturbation mit ihrer eigenen Hand so schändliche Freuden verschafft hätten. Glauben Sie mir, die Stimme der Natur bestätigt es: Was Ihren Fingern entgeht, Ponticus , ist ein Mensch."

Zum gleichen Thema auch *Epigr* . , XI., 74 verweist auf:

> „Oft, Lygdé , schwörst du, dass du mein Gebet erhörst, sogar indem du den Ort und sogar die Stunde festlegst. Lange Zeit lag ich voller Sehnsucht da, bis oft meine linke Hand an deiner Stelle zu Hilfe kam."

Und dieser Abschnitt des VI . Buch des Ramusius , S. 62 der Pariser Ausgabe:

> „Was sollst du tun? Ist Ihre linke Hand gesund und munter? Nun, benutze es, dann wirst du keine Hure wollen. Warum für das bezahlen, was deine linke Hand dir kostenlos gibt?"

Natürlich gab es auch Menschen, die ihre rechte Hand benutzten; derselbe Ramusius von Rimini, Buch IV., S. 61, sagt uns:

> „Ich leide, lieber Donatus, unter einer so schrecklichen Erektion, dass ich Angst um mein Glied habe, wenn du mir nicht hilfst. Da meine rechte Hand verwundet ist, kann sie nichts tun; Ich habe kein Geld; Hylas ist nicht hier; Keine Vulva öffnet sich für mich – keine Chance auf Unzucht, besänftige mein Verlangen, damit ich leben kann, und du kannst es billig tun."

Pacificus Maximus, *Elegie* XII., S. 126, Pariser Ausgabe:

"Was soll ich tun? Ich bin so steif – ich platze und ich könnte problemlos drei oder vier große Flaschen füllen. Es ist lange her, dass mein Glied eine Vulva gekannt hat, lange seit sie die Eingeweide eines Mannes bewegt hat. Es ist Tag und Nacht steif und wird sich nie entspannen – Tag und Nacht hebt es den Kopf. Kein Jugendlicher, kein Mädchen wird auf mein Gebet hören, keine Hilfe – meine rechte Hand muss dann den Dienst leisten!"

Wir haben oben gesehen, mit welcher Härte Martial Ponticus , einem Masturbator, vorwarf, dass er zwischen seinen Fingern die Substanz eines Mannes verloren habe. Dennoch zögerte dieser gute Moralist nicht, seine eigene Hand unter dem Druck der Erektion zu einem ähnlichen Gebrauch zu machen, *Epigr*. 43, Buch II.:

„Noch ein Ganymed, meine Hand hat mir geholfen."

und XI., 74:

„Oft kommt mir an deiner Stelle meine linke Hand zu Hilfe."

cinede ermahnte (XI., 59), übte er auch keine Heftigkeit ins Jammern Telesphorus :

„Sobald du siehst, dass ich es will, und weißt, dass ich eine Erektion habe, Telesphorus , dann verlangst du einen hohen Preis – kann ich nein sagen? [91] Wenn ich nicht schwöre, dich zu bezahlen, wirst du mir deine Hinterteile entziehen, die mir so wertvoll sind. Wenn mein Friseur, während er mich rasiert, mit seinem Rasiermesser an meiner Kehle meine Freiheit und mein Vermögen fordert, dann verspreche ich alles; Es ist nicht der Friseur, der fragt, sondern ein Halsabschneider, und die Angst zwingt mich, „Ja" zu sagen. Aber wenn ich sehe, dass der Rasierer wieder in sein gebogenes Gehäuse zurückversetzt und harmlos ist, warum? Ich werde dem Kerl jedes Glied brechen. Nicht, dass ich dir Schaden zufügen würde, aber sobald meine linke Hand gewaschen ist, wird mein Mitglied sagen: „Geh hängen!" zu deinem gierigen Geiz." [92]

Dasselbe, als seine Frau ihn überraschte, als er mit einem Jüngling verlobt war (XI., 44), – ein oben zitiertes witziges Epigramm, sowie auch, als er beabsichtigte, Thelesina zu heiraten (II., 49):

„ Thelesina macht jungen Burschen Geschenke; umso besser."

Galesius zu verwenden , als den Teil, der ihm passen würde;

„Jugendliche sind von Natur aus gespalten; Ein Teil ist für Mädchen reserviert, der andere für Männer – verwenden Sie Ihren eigenen Teil."

Ist das, was der Pedicon im Anus des Cinede verliert , etwas anderes als die Substanz eines Mannes, die der Masturbator zwischen seinen Fingern verschwendet?

Da es in der Natur des männlichen Mitglieds liegt, sich beim bloßen Anblick des nackten Körpers einer hübschen Frau zu erheben, sehnt sich das verliebte Verlangen in diesem Zustand oft gebieterisch nach Erleichterung, denn „ein erigierter Mann ist nicht übertrieben klug." [93] Dies ist der Grund, warum, als die schweren Bettdecken der Schönen zurückgeworfen wurden:

„In der Zwischenzeit lauert der Ehebrecher, nach dem sie geschickt hat, in heimlicher Verborgenheit und ist ungeduldig wegen der Verzögerung, sagt aber kein Wort, sondern zieht an seiner Vorhaut." [94] –Juvenal, VI., 236, 7. und warum:

„Die phrygischen Sklaven masturbierten hinter den Türen, jedes Mal, wenn seine Braut das hektorische Pferd bestieg." – Martial, XI., 105.

Deshalb beginnen sich bei den Tänzen der jungen gaditanischen Mädchen, die zweifellos den von den Spaniern noch immer so geschätzten Tänzen sehr ähneln [95] , die schlaffen Gliedmaßen selbst grauhaariger Zuschauer sichtbar zu bewegen, wie viele Autoren berichten Erzähl uns. Martial, VI., 71:

„Schlau in den mutwilligen Gesten, die mit den baetischen Kastagnetten einhergehen, und geübt im Tanzen nach gaditanischen Takten, könnte sie durchaus den zitternden Pelias versteifen und Hekubas Ehemann dazu anregen, dem energischen Hektor nachzueifern."

Juvenal, XI., 162-165:

„Vielleicht können Sie warten, bis die gaditanische Tänzerin den mutwilligen Reiz der lauten Klänge ihrer Begleitkapelle zu spüren beginnt und die Mädchen, angefeuert vom Applaus, mit zitternden Gesäßbacken zu Boden sinken – ein Anblick, der träge Sinne zum Verlieben bringt. " [96]

Aber es ist nicht nur der Anblick einer schönen nackten Frau, die das Mitglied erregt; Wer weiß nicht, dass es auch bloß durch Bilder geweckt wird, die die Einbildungskraft hervorruft, besonders in der Nacht? Und die Kraft solcher Fantasien ist so groß, dass sie eine lustvolle Ejakulation von Sperma hervorrufen kann. Priapus selbst hat dies erlebt. *Priapeia* XLVIII:

„Siehst du, dieses Organ, nach dem ich Priapus genannt werde, ist nass; Diese Feuchtigkeit ist weder Tau noch Raureif. Es ist das Ergebnis seines eigenen süßen Willens, wenn er sich an Erinnerungen an ein gefälliges Dienstmädchen erinnert."

Es heißt, Diogenes, der Zyniker, sei ein Masturbator gewesen; Als er beim Umgang mit seiner Mentula ertappt wurde, sagte er: „Ich wünschte zum Himmel, ich könnte auf die gleiche Weise meinen Magen mit Reibung befriedigen, wenn er nach Nahrung bellt." [97]

Wenn die Masturbation durch Leihgabe der Hand einer anderen Person erfolgt, ist es möglich, dass der Handelnde am Vergnügen teilnimmt.

Es gehört zu den Aufgaben einer Kurtisane, geschickt mit den Fingern umzugehen; ein träges Mitglied kann durch ihre Verwendung gestärkt werden. Die Trägheit des männlichen Mitglieds kann durch die Unannehmlichkeiten des Alters verursacht werden, und zwar entweder auf Seiten der Frau, wie in Martial, VI., 23:

> „Du verlangst, dass mein Penis, Lesbia , immer für dich erigiert ist; Glauben Sie mir, das Glied eines Mannes ist nicht wie ein Finger. Du strebst zwar danach, mich mit Händen und zärtlichen Worten zu erregen, aber dein Gesicht ist eine hartnäckige Tatsache und konterkariert alle deine Bemühungen."

und noch einmal im selben Autor, XI., 30:

> „Wenn du deinem alten Hasen die Aufgabe gibst, mein Glied zu wecken, wird dein Daumen, meine Phyllis, mich nur erwürgen."

oder des Mannes, Martial, XI., 47:

> „Nur in Träumen wirst du steif [98], Maevius , und dein Rand fängt an, Wasser direkt auf deine eigenen Füße zu spritzen; Vergebens streicheln deine müden Finger dein runzliges Glied – erwecke es, so sehr du kannst, es wird seinen hängenden Kopf nicht heben." [99]

Aristophanes in den *Wespen* , 735-38:

> „Ja, ich werde ihn pflegen und ihm alles besorgen, was man für einen alten Mann braucht: Rinderbrühe zum Schoß, weiche Wolle und eine Decke, um ihn warm zu halten, und eine Kurtisane, um sein Glied und seine Lenden zu reiben …"

Derselbe Autor, *ebenda.* , V. 1334, 35:

> „… Das Kabel ist zwar verrottet, lässt sich aber dennoch gern reiben."

Auch ist es Männern in der Lebenskraft, die in der Lage sind, junge Mädchen zu streicheln, nicht unwillkommen, Geliebte zu haben, deren Hände nicht faul im Bett sind und deren Finger wissen, wie man in den dunklen Regionen vorgeht, in denen der Pfeil der Liebe verborgen ist . Martial, XI., 105, beklagt sich über die unziemliche Ernsthaftigkeit seiner Frau, die ihr verbot, ihm diesen Dienst zu erweisen:

> „Du wirst mir weder durch Bewegung noch durch Worte weiterhelfen, noch mit deinen Fingern, als ob du Weihrauch und Wein zum Opfern bereitest." [100]

Penelopé hingegen befriedigte Odysseus auf diese Weise, wie Martial es im selben Epigramm sagt:

> „So keusch sie auch war, als der König von Ithaka schnarchend lag, hatte Penelopé ihre Hand gern immer darauf."

Ovids Geliebte erwies ihm den gleichen Dienst, aber alles umsonst, in einer elenden Nacht, als eine feindliche Gottheit diesen erbärmlichsten Teil von ihm, um seinen eigenen Ausdruck zu gebrauchen, und das Mädchen zu Tode geprügelt zu haben schien, damit die Diener es nicht tun konnten Ich denke, sie sei unberührt geblieben und habe trotzdem so getan, als würde sie ihre Waschungen durchführen (*Amores* , III., viii., 73, 74):

> „Mein Liebling scheute sich nicht einmal, ihre Hand darauf zu legen und sanft zu versuchen, es aufzuwecken."

Auf diese Tugend der Finger bei der Erektionsvermittlung weist Juvenal, VI., 195, 96 hin:

> „... Wie gut wird eine sanfte und freizügige Stimme Ihr Glied aufrichten; es ist so gut wie Finger!"

der Autor der *Priapeia* war sich dieser Tatsache bewusst; LXXX.:

> „Mein Glied ist weder sehr lang noch sehr dick. Behandeln Sie es, und Sie werden sehen, wie es schnell wächst."

Und so war es auch mit Janus Dousa , der von Scioppius á propos derselben *Priapeia zitiert wurde* und den Charakter des Mannes geschickt herausspürte:

> „ Dousa teilt uns in seinem Kommentar zu Petronius mit, dass er *aus eigener Erfahrung weiß* , wie dieses Objekt an Dicke und Länge zunimmt, wenn es von einer Frau mit Shampoo gewaschen wird."

Sie können die Bedeutung dieser Funktion anhand der Wertschätzung abschätzen, die die Alten, wie auch in unseren Tagen die Türken, den Haarwaschern, Männern und Frauen, beimaßen, die mit künstlerischem

Geschick die Gelenke manipulieren, indem sie sie mit ihren Fingern sanft drücken und drehen. und ihre Hände wurden durch den ständigen Gebrauch von Handschuhen weich gehalten und kneteten zärtlich alle Gliedmaßen. Seneca, *Brief* LXVI.:

> „Würde ich lieber meinen überalterten Schergen meine Gliedmaßen zum Shampoonieren anbieten? Oder zu einer kleinen Frau oder einem schwächlichen Mann, mehr Frau als Mann, um meine Finger zu zeichnen und zu knacken? Sollte ich Mucius dort nicht eher beneiden , der seine Hand mit der gleichen Gelassenheit ins Feuer legte, als würde er sie einem Haarwäscher reichen?

Martial, III., 82:

> „Eine Frau wäscht deinen ganzen Körper mit geschicktem Geschick; Ihre geschulte Hand manipuliert *alle* deine Mitglieder." [101]

Johannes von Salisbury stellt in seinem *Policraticus* , Buch III., Kap. 13, nach einem antiken Autor, vielleicht Clearchus, wie Lipsius meint:

> „Wenn ein reicher Wüstling sich auf seine luxuriöse Art der Weiblichkeit zuwendet, nimmt ein Jüngling mit krausem Haar vor aller Welt seine Füße, während er auf seinem Sofa liegt, und wäscht sie und seine Beine, um nicht weiter zu gehen, mit seinen zarten Händen. Diese Jugend trägt immer Handschuhe, um sie zum Nutzen reicher Leute weiß und weich zu halten. Dann benutzt er seine Hände noch zügelloser und streicht damit mit frechen Berührungen und Kitzeln über den ganzen Körper , wodurch die Begierden geweckt und die Liebesflammen seines Arbeitgebers entfacht werden."

Ich könnte hier sehr wohl, denn ich könnte keinen besseren Ort finden, eine Darbietung beschreiben, für die die freundliche Hand einer Frau gefragt ist, sondern die einer Frau, die eine Expertin ist, die sanft Ihre Hoden drückt und Ihre Schenkel streichelt; Man sagt, nichts könne angenehmer und üppiger sein. Aloysia Sigaea beschreibt mit ihrem unerschöpflichen Einfallsreichtum eine solche Szene, die Ottavia und Roberto mit Manilias Hilfe ausgeführt haben ; Die Fülle, Vielfalt und Reichhaltigkeit der in der Mündung von Ottavia platzierten Beschreibung sind bewundernswert:

> „ Manilia führte uns dann zum Rendezvous; Sie zog mich aus und legte mich nackt auf die Couch. Roberto sprang auf die Couch. „Jetzt", sagte er, „werde ich die höchste, ungetrübte Glückseligkeit genießen." Auf deinem Streitwagen, Olympia, werde ich meinen Weg durch diese dunkle Durchgangsstraße nehmen (er zwickte dabei mein Schambein), ich werde meinen Weg zum Ruhm nehmen." Seine Hände wanderten über meinen Bauch, meine Schenkel und untersuchten alles. Sein Glied schwoll an. „Erlaube mir, meine

Venus!" sagte er und gab mir einen Kuss. „Gerne", antwortete ich, „sollst du mich haben, wie du willst." Manilia warf ein: „Warum so viel Gerede! Nicht reden, sondern handeln! Ich werde Ihnen beiden behilflich sein und Ihren sinnlichen Empfindungen neue Freuden hinzufügen. Du bist in ausgezeichneter Verfassung, Roberto! Kommen Sie mit auf Ottavias schneebedeckten Schoß und lassen Sie sich satt werden!" Roberto stürzt sich auf mich und sein Motor schlägt gegen meinen Bauch. Manilias weiche Hand fängt das fehlgeleitete Werkzeug ab. „Komm", sagt sie, „du Landstreicher, betritt das schöne Gefängnis und erfülle die Aufgabe, die dir deine Herrin gestellt hat." Mit der anderen Hand drückt sie den Rücken des jungen Mannes, und ich nehme ihn in mich auf, ganz in mich hinein. Manilia sagt mir, ich solle mich nicht bewegen. „Hebe deinen linken Oberschenkel an, Ottavia ", sagt sie, „und strecke den anderen aus." Ich gehorche. „Du, Roberto, du drückst jetzt sanft und schnell; Was dich betrifft, Ottavia , küsse ihn, aber ohne dich zu bewegen!" Machen wir so. Sie fügte hinzu: „Wenn Sie beide spüren, wie der kochende Schaum überläuft, seufzen Sie, Ottavia , und Sie, Roberto, beißen sanft auf Ottavias Lippen!" Dann beginnt er kräftig, aber ohne Eile oder Gewalt, hinein und heraus zu stochern; Ich drücke ihn an mich, küsse ihn, bewege mich aber nicht. Ich spüre, wie es kommt. Ich seufze: „Jetzt! Jetzt, Roberto!" schreit Manilia , „hilf Ottavia ! " Arbeite weg!" Er schüttelt mich und schlägt auf mich ein. Bald spüre ich einen leichten Biss in meinem Nacken. Ich seufze. „Und jetzt, Ottavia ", ruft Manilia , „hilfst du Roberto; Bewegen Sie Ihr Gesäß zügig, heben Sie Ihre Lenden an, schnell! schnell! Gut gemacht, mein Kind! Laïs selbst hätte meiner Meinung nach weder flexibler noch agiler sein können!" Die süße Jugend beginnt zu ejakulieren und ich fühle, wie mein Inneres von der feurigen Quelle der Liebe überschwemmt wird. Ich bewegte mich mit Leib und Seele. Noch nie habe ich den Höhepunkt der Wollust schneller erreicht . Manilia streichelte mit einer Hand mein Gesäß und mit der anderen Hand Robertos; gleichzeitig drückte sie mit ihren Fingerspitzen die Schamlippen meiner Scham und seine Hoden, die nah beieinander lagen. Der Junge fiel in Ohnmacht, und unsere Krankenschwester zog sich zurück und klatschte applaudierend in die Hände!" (Dialog VII.)

Tafeln IV. und XII., in den *Monuments de la vie privée des douze Césars* , zeigen Sie Kleopatra, wie sie mit zarter Hand die männlichen Rollen von Julius Cäsar und Markus Antonius kitzelt, während Sie in den *Monuments du culte Secret des Dames Romaines* ; Tafel XVI. zeigt Livia, wie sie Augustus die gleichen Zärtlichkeiten schenkt; Tafel V., eine Bacchantin, die es einem Faun antut; Platte IV., ein Masturbator − ausdrücklich so genannt. In Tafel XLIV. der *Monuments de la vie privée des douze Césars* ist wiederum ein Bild eines Mädchens,

das Tiberius mit seiner wohlwollenden Hand dabei hilft, Otho zu pädizieren
.

Wiederum kam es manchmal vor, dass unzüchtige Männer Freude daran
hatten, mit den Genitalteilen anderer Männer umzugehen. Martial kannte
nichts Berüchtigteres (XI., 23):

> „Dass deine rauen Lippen die zarten Küsse des hellhäutigen
> Galesus empfangen , dass du mit deinem nackten Ganymed schläfst
> – ist das noch nicht genug? Es sollte sein! Hören Sie auf jeden Fall
> auf, die Geschlechtsteile mit aufreizender Hand zu berühren. Bei
> Jungen im zarten Alter schadet das mehr als dem Mitglied. Die Finger
> beschleunigen die Männlichkeit und machen sie zu vorzeitigen
> Männern. Daher der Ziegengeruch , die schnell wachsenden Haare
> und der Bart, der die Mutter staunen lässt, während sie nicht mehr
> gerne im offenen Tageslicht baden. Die Natur hat Jungen geteilt; Ein
> Teil ist den Mädchen vorbehalten, der andere den Männern. Behalten
> Sie den Teil, der Ihnen gehört.“

Martialisch bedeutet, dass das Glied den Jungen gegeben wurde, um es bei
Mädchen zu verwenden, während ihr Gesäß den Männern zur Verfügung
stand, und dass dieser Pedicon daher das Gesäß von Galesus nutzen sollte ,
anstatt mit seiner Mentula zu spielen. Von ähnlicher Bedeutung ist auch
Epigramm XI., 71, gerichtet gegen Tucca , der junge Burschen verkaufen
wollte:

> „Oh, aus Scham! Da ist die Leiste mit der völlig offenen Tunika,
> und ein Glied scheint von deiner Hand geformt und trainiert zu sein.“

Er sagt, es sei ein Verbrechen, diese Burschen zum Verkauf anzubieten,
die der berüchtigte Tucca zur Ausschweifung ausgebildet hat, und den
Käufern ihre voll ausgebildeten Mentula zu zeigen, die es gewohnt sind, sich
unter der provokanten Hand des Meisters zu erheben. Eumolpus unterwirft
in gleicher Weise den Rand des Enkolpus der Reibung, Petronius, Kap. 140:

> „Nach diesen Worten“ (Enkolpus sprach) „erhob ich meine
> Tunika und zeigte mich in voller Kraft Eumolpus. Zuerst zuckte er
> zurück, als wäre er entsetzt; aber wie ein Mann, der Schlimmeres
> erwartete, ergriff er mit seinen beiden Händen die Gabe Gottes,
> nämlich: den Rand der Erektion.“

Um meine Aufgabe zu erfüllen, muss ich mich noch mit anderen Freuden
befassen, die zu dieser Kategorie gehören, also solchen, die in jedem
Zwischenraum des Körpers genossen werden können. Ein paar Worte
werden genügen. Wenn es mir zunächst um die Brüste geht, greife ich auf
Aloysia zurück Sigaea :

„Bei den Zwillingsmuscheln der Venus!" (Dialog VII., Ottavia spricht.) „Ich schäme mich. Ich erröte bei dem Gedanken, dass das Tal zwischen meinen Brüsten als Allee der Venus seinen Dienst getan hat. Sie wissen, dass es in unserem Haus eine Galerie gibt, die auf die Gartenparterres führt, die voller Blumen aller Art sind. Dort spazierten Caviceo und ich; er umarmte mich, küsste mich, biss mir auf die Lippen ... Er legte seine linke Hand in meine Brust. „Ich bin auf der Suche nach einem bösen Trick", sagte er. „Zieh dich aus, mein Schatz!" Was sollte ich tun? Ich habe mich ausgezogen. Sein Blick ruhte auf meinem nackten Busen. „Ich verstehe", sagte er, „Venus schläft zwischen deinen Brüsten." Darf ich sie wecken!' Während er redete , hatte er mich auf den Rücken ins Bett geworfen, und in einem edlen Erektionszustand schob er sein heißes, brennendes Glied zwischen meine Brüste. Wie könnte ich seiner blinden Leidenschaft entkommen? Ich hatte keine andere Wahl, als es zu ertragen. Seine Hände drückten sanft meine Brüste zusammen, um den Raum zu verengen, in dem seine Mentula zu einer neuen Erfahrung reisen musste. Warum eine lange Geschichte machen? So verblüfft ich auch über diese vergebliche , lächerliche Nachahmung der Liebe war, überschwemmte er mich mit einem brennenden Trankopfer: Er hatte seinen Willen."

Was andere Zwischenräume des Körpers angeht, $z.$ B. die Achselhöhlen, zwischen den Oberschenkeln, den Waden, dem Gesäß (ich sage nicht den Anus, sondern zwischen den Gesäßbacken), genügt es, Heliogabalus zu erwähnen; Lampridius , Kap. 5:

> „Wie ertragen Sie es mit einem Prinzen, der in jeder Höhle des Körpers nach Vergnügen sucht, wenn Sie nicht zulassen würden, dass ein rohes Tier so viel tut?"

Auch Commodus, nach demselben Lampridius , Kap. 5:

> „Er gab sich den berüchtigten Übergriffen junger Männer hin und verunreinigte jeden Teil seines Körpers, sogar seinen Mund, und das bei beiden Geschlechtern" – *das heißt,* er war sowohl ein *Fellator* als auch ein *Cunnilingue* .

Ist es notwendig, hier von der Ausschweifung derer zu sprechen, die die Leichen von Frauen oder Statuen angreifen? Dabei handelt es sich nicht um einen echten Koitus, da es keine zwei Parteien gibt. Dennoch wurde laut Herodot (II., 89) in Ägypten ein Mann auf frischer Tat ertappt, als er die Leiche einer gerade verstorbenen Frau misshandelte:

> „Es heißt, ein Mann sei bei der Arbeit in der frischen Leiche einer Frau überrascht und von einem Arbeitskollegen denunziert worden."

Infolgedessen wurde ein Gesetz erlassen, das es verbot, die Leichen edler und schöner Frauen bis drei oder vier Tage nach ihrem Tod in die Hände des Einbalsamierers zu geben. Und wer kennt nicht die Geschichte der Venus von Knidos , das Werk des Praxiteles, erzählt von Plinius, *Historia Naturalis* , XXXVI., Kap. 5:

> „Es wird erzählt, wie sich ein gewisser Jugendlicher in sie verliebte und sich eines Nachts im Tempel versteckte, mit der Statue zusammenlebte und einen Fleck als Zeichen der Befriedigung seiner Leidenschaft auf dem Marmor hinterließ.“

Darin besteht eine Ähnlichkeit mit dem Fehler eines Bullen, der laut Valerius Maximum, VIII., Kap. II., verliebte sich in eine Bronzekuh und kopulierte mit ihr in Syrakus, wobei er von der Perfektion der Ähnlichkeit getäuscht wurde.

<u>91</u> . Martial hatte die gleiche Frageformel mit dem Verb im Infinitiv und *puta* put anstelle von *scilicet* auch in Epigramm III., 26 verwendet . *Hoc me puta velle negieren ?* (Darf ich das verneinen?) Gelehrte haben Anlass für eine Menge Anmerkungen zu den beiden Passagen gefunden: Diese müssen uns nicht aufhalten.

<u>92</u> . Die Bedeutung von Martial ist: Meine linke Hand wird meine leidende Mentula trösten; das Geschäft ist erledigt, meine Hand mit der Ejakulation des Spermas bedeckt, wie das Vlies auf dem Schambein von Ravola in Juvenal, IX., 4, – wenn tatsächlich das Vlies seines Schambeins gemeint ist:

> „Während Ravola mit nassem Bart die Leistengegend von Rhodopé reibt " ... wird dem gierigen Cinede gesagt, er solle zur Zwei gehen und sich mit gesenktem Kopf davonschleichen, wie der Mann in Horaz (*Satires* II., 69), der findet:

> „Es bleibt ihm und den Seinen nichts anderes übrig, als zu weinen."

Diese feuchte Hand erinnert uns an die ehebrecherische Frau in Juvenal, XI., 186, die:

> „Zeigen Sie feuchte Spuren in den zweifelhaften Falten ihrer Tunika."

<u>93</u> . Suidas unter dem Wort *****, offenbar nach Aelius Dionysius.

<u>94</u> . Es geschah nicht aus Wollust, sondern aus Anstand, dass Juden, die ihrer Nation entsagt hatten, ihre Vorhaut über der Drüse beschneiden ließen, da sie nicht wollten, dass man sehen konnte, dass sie beschnitten worden waren , und so ergriffen sie Mittel, um ihre Vorhaut zu erlangen nackte Drüse wiederhergestellt. „Und sie machten sich neue Vorhäute" (*Makkabäer*, I., 1., 15), „*Gibt es jemanden, der zum Glauben gebracht und* beschnitten wurde ? Er soll seine Drüse nicht wiedergewinnen" (*Korinther* , I., vii., 18). Celsus , *De Medicina* , VII., Kap. 25: „Wenn die Drüse entblößt ist und aus Bequemlichkeitsgründen gewünscht wird, sie wiederherzustellen, kann dies erreicht werden, aber leichter bei einem Kind als bei einem erwachsenen Mann, leichter bei einem so geborenen Mann als bei einem Mann." der nach dem Brauch bestimmter Leute beschnitten wurde . Nachdem er die Heilungsmethode für Männer erklärt hat, bei

denen es sich um einen natürlichen Zufall handelt, fährt Celsus fort:
„Bei beschnittenen Menschen muss die Haut hinter der Drüsenkrone
abgelöst werden." Diese Operation ist nicht sehr schmerzhaft, da die
Vorhaut gelockert wird und Sie sie ohne Blutverlust mit der Hand
zurück zum Schambein ziehen können.

Dann wird die gelöste Haut noch einmal über die Drüse
hinausgezogen. Dazu wird der Rand häufig in kaltes Wasser getaucht
und dann mit einem Pflaster abgedeckt, das eine starke Tendenz hat,
Entzündungen zu minimieren. Sobald es ganz frei von Entzündungen
ist, wird der Rand vom Schambein bis zum ringförmigen Einschnitt
bandagiert; Die Haut wird dann über die Drüse gezogen, aber durch
ein Pflaster von ihr getrennt gehalten. Auf diese Weise wächst der
untere Teil der Haut wieder nach, während der obere Teil abheilt,
ohne zu verkleben." Aus dieser Passage geht hervor, dass zur Zeit des
Celsus die Methode, die Drüse freizulegen , die später bei den Juden
vorherrschte, noch nicht entdeckt worden war, was laut Buxtorf (
Dictionnaire Nach dem Abschneiden der Vorhaut ergreift der
Beschneider die verbleibende Haut zwischen den dünnen Rändern
seiner Daumennägel und zieht sie gewaltsam zurück . Wäre diese
Praxis üblich gewesen, wäre es überflüssig gewesen, die Vorhaut mit
dem Skalpell abzutrennen. Daraus schließe ich, dass die Juden *recutiti
genannt wurden* , weil diese Haut der Drüse zurückgezogen wurde, was,
da die Beschneidung nicht durchgeführt wurde, als nicht
abgeschlossen galt; aber Celsus lässt mich daran zweifeln.

95 . Julius Caesar Scaliger, *Poetica* , Buch I., S. 64:

> „Einer dieser berüchtigten Tänze war der * *** **, das heißt
> das Zappeln und Schenkeltanzen, der *Crissare* der Römer. In
> Spanien wird diese abscheuliche Praxis immer noch öffentlich
> praktiziert."

96 . Verpassen Sie nicht, lieber Leser, das Motiv dieses Tanzes: Mit
zappelnden Gesäßbacken sanken die Mädchen schließlich auf den
Boden, auf dem Rücken liegend, bereit für den Liebeswettkampf.
Davon unterschied sich der Lacedæmonian -Tanz, bei dem die
Mädchen bei ihren Sprüngen ihr Gesäß mit den Fersen berührten.
Aristophanes in den *Lysistrata* , 82:

> „Nackt tanze ich und schlage mir mit den Absätzen auf den
> Hintern." Pollux, IV., Kap. 24: „Was den * ** * ** betrifft, das
> war ein lakonischer Tanz. Nicht nur unter den jungen
> Männern, sondern auch unter den jungen Mädchen wurde um
> Preise gekämpft; Die Essenz dieser Tänze bestand darin, zu
> springen und das Gesäß mit den Fersen zu berühren. Die

Sprünge wurden gezählt und den Tänzern gutgeschrieben. Im Laufe der Zeit stiegen sie auf tausend ! !"

Noch schwieriger war der sogenannte ****-Tanz, bei dem die Füße die Schultern berühren mussten. Pollux, *ebenda.* : „Die **** waren Tänze für Frauen: Sie mussten ihre Füße höher als ihre Schultern werfen."

Diese Art des Tanzes ist in moderneren Zeiten nicht unbekannt. JC Scaliger, *Poetica* , Buch I., S. 651: „Bis heute berühren die Spanier mit ihren Füßen den Hinterkopf und andere Körperteile."

97 . Diogenes Laërtius , VI., 2, 46: „Eines Tages, während er sich mitten auf dem Markt selbst befriedigte, sagte er: „Ich wünschte zum Himmel, ich könnte meinen Magen vor dem Hunger bewahren, indem ich ihn reibe." Plutarch, *De Stoicorum repugnantiis* , 1044, Bd. II. seiner Werke: „ Chrysippus lobte Diogenes dafür, dass er sich in der Öffentlichkeit masturbierte und zu den Umstehenden sagte: „Ich wünschte, wenn ich meinen Bauch auf die gleiche Weise reibe, könnte ich meinen Hunger stillen."

98 . Beachten Sie, mit welcher Genauigkeit die Alten die Natur untersuchten. Mit welchem Einfallsreichtum brachten sie all ihre Gefühle zum Ausdruck! Wer wagt es heutzutage, einen solchen Vers zu schreiben, in dem er als etwas Natürliches beschreibt, was nur ein Widerspruch zu seiner Mentalität sein könnte?

99 . Bassus, der es gewohnt war, sich mit jungen, langhaarigen und schlanken Schergen zu vergnügen, ließ die Hände seiner Frau arbeiten, um seine Mentula zu erregen, als er erschöpft und träge auf das Ehebett zurückkam. Martial, XII., 99:

> „Du ermüdest dich, oh Bassus, aber mit Schergen, die du von der Mitgift deiner Frau bezahlst; Wenn Sie also an ihre Seite zurückkehren, liegt dieses um den Preis vieler Millionen Sesterzen erkaufte Glied träge da. Vergebens versucht ihr zarter Daumen, es zu erregen, vergebens sind ihre zärtlichen Worte, es hält nicht stand."

100 . Die Frauen des Aristophanes (*Lysistrata* , V. 227) drohten ihren Männern mit einer ähnlichen Körpersteifheit:

> „Obwohl du deinen Willen durchsetzen kannst, werde ich gemobbt sein und mich nie bewegen."

101 . Er hatte eine nicht minder erfahrene Hand (Juvenal, VI., 422-23), dieser listige Haarwäscher, der seine Finger an die Klitoris der Dame legte.

„Und ließ den Schenkel seiner Herrin hoch oben unter seiner
Hand erklingen.“

KAPITEL V

CUNNILINGUES

WIR haben nun genug über die Arbeit der Venus gesagt, die das männliche Mitglied leistet; Es bleibt uns überlassen, zu erklären, wie der Venus ein Opfer ohne Opfer dargebracht werden kann. Dies kann mit der Zunge oder der Klitoris erfolgen. Dementsprechend müssen wir uns zunächst mit den Cunnilingues befassen, denen, die die Geschlechtsteile von Frauen lecken, und dann mit den Tribads .

So wie es die Aufgabe des *Fellators* oder *der Fellatrix ist* , die männlichen Teile auszusaugen, so ist es die Aufgabe der Cunnilingues, das Weibchen zu lecken. Der Cunnilingue funktioniert, indem er seine Zunge in die Vulva einführt. Martial, XI., 62 hat seine monströse Tat sehr deutlich beschrieben:

> „ Manneius , Ehemann mit seiner Zunge, Ehebrecher mit seinem Mund, – abscheulicher als der Mund der Huren des Summoeniums ; Als die schmutzige Kupplerin sah, wie er nackt aus einem Fenster stand, schloss sie ihr Bordell. dessen Mitte sie lieber küsste als seinen Kopf. Wer einst alle Kanäle des Inneren kannte und mit sicherer und sicherer Stimme erklären konnte, ob es ein Junge oder ein Mädchen im Bauch der Mutter war (seid froh, alle Vulva, euer Teil ist erledigt), kann es nicht mehr Richte seine unzüchtige Zunge auf. Denn siehe! Während er mit der Zunge in der geschwollenen Vulva lauert und die Babys in ihrer Mutter jammern hört, lähmt eine schreckliche Krankheit seinen gierigen Mund – und jetzt kann er weder rein noch unrein sein.“

Von der gleichen Lähmung der Zunge wurde Zoilus getroffen; Martial, XI., 86:

> „Ein böser Stern, Zoilus , hat deine Zunge plötzlich getroffen, selbst während du deine Vulva lecktest. Natürlich musst du , Zoilus , jetzt dein Mitglied einsetzen.“

Bæticus , der kastrierte Priester von Cybelé , gegen den Martial *Epigramm* III., 81, gerichtet hat, war ein Cunnilingue:

> „Was hast du, Bæticus , ein Priester von Cybelé , mit der weiblichen Grube zu tun? Deine Zunge sollte von Natur aus die Mitte von Männern lecken. Denn warum wurde Ihr Glied mit einer samischen Tonscherbe amputiert, wenn die Teile der Frau so viel Reiz für Sie hatten? Ihr *Kopf muss* kastriert werden; Zwar bist du in deinen geheimen Teilen ein kastrierter Gallus, aber dennoch verstößt du

gegen die Riten von Cybelé ; Was deinen *Mund betrifft, bist du ein Mann*
."

Wenn diese Passage auch nur im geringsten zweifelhaft wäre, könnte
Epigramm 77 desselben Buches Schwierigkeiten bereiten, nicht anders:

> „Irgendeine latente Magenkrankheit, vermute ich. Warum, frage
> ich mich, Bæticus , bist du ein *Dreckfresser*?"

Tatsächlich können sowohl der *Fellator* als auch der *Cunnilingue*
Dreckfresser genannt werden, wie in der zuvor zitierten Passage von Galen,
wo beide *Coprophagi* (Mistfresser) genannt werden. Bæticus hat jedoch nur
mit der weiblichen Grube zu tun; Er ist ein *Cunnilingue* , kein *Fellator* . Im
Gegenteil, die unzüchtige Zunge von Tongilion (III., 84) ist die eines *Fellators*
, nicht die eines *Cunnilingue* ; denn die Zunge eines *Cunnilingue* spielt die Rolle
eines Liebhabers, der aktiv ist; während der eines *Fellators* die Rolle einer
Prostituierten übernimmt und dabei passiv bleibt. Manchmal sind die
gelehrtesten Kommentatoren aus Mangel an Aufmerksamkeit schuld daran,
diese spielerischen Passagen zu erläutern. Einer der Zwillingsbrüder, die in
unserem Freund Bilbilis (dem Dichter Martial) (III., 88) verschiedene Leisten
lecken, war ein *Cunnilingue* . Die Nachbarin des Priapus, „durch deren Schuld
Landacé schwört, dass sie kaum gehen kann, so groß ist sie", wird heimlich
als *Cunnilingue bezeichnet* (*Priapeia* LXXVIII.); Doch trotz allem, was Scioppius
behauptet, war er nur ein Hurer; Aber warum sollten wir uns aufgrund der
vergrößerten Öffnung vom eigentlichen Wortsinn abwenden? Als ob die
Vulva durch die Zunge der *Cunnilingue nicht* genauso vergrößert oder
entspannt werden könnte wie durch aktives Zusammenleben!

Tiberius Cäsar scheint bei seinem Rückzug auf Capri die Wollust der
Cunnilingue nicht verachtet zu haben . Was wird dem Kaiser sonst noch in dem
von Suetonius (*Tiberius* , Kap. 45) erwähnten Atellan- Lied vorgeworfen ,
das so viel Beifall erhielt:

> „Ein alter Bock, der die Vulva von Ziegen leckt", aber ist das ein
> *Cunnilingue* ? Wollen Sie Tiberius beim Lecken beschäftigt sehen?

Tafel XXII., in *Monuments de la vie privée des douze Césars* repräsentiert es.

Desweiteren _ Sextus Clodius , dem Cicero häufig die Unreinheit seines
Mundes und die Obszönität seiner Zunge vorwirft (*Pro Domo* , Kap . 10 und
18; *Pro Coelio* , Kap. 32), scheint uns ein *Cunnilingue* gewesen zu sein . Daher
dieser Hit von Cicero in seinem *Pro domo* , Kap. 18:

> „Mein guter Sextus , erlaube mir, dir zu sagen, da du bereits ein
> guter Dialektiker bist, bist du auch ein guter Lecker."

Wenn er einer war, musste er sicherlich Clodia lecken , die Schwester von Publius Clodius [102] , der Frau von Metellus , der Frau, die mit der ganzen Welt vertraut war. Cicero, *Pro domo* , Kap. 31:

> „Frag Sextus Clodius bittet darum, ihn erscheinen zu lassen. er hält sich ganz im Hintergrund. Aber wenn Sie ihn suchen lassen, wird er in der Nähe Ihrer Schwester (er spricht Publius Clodius an) gefunden werden, der irgendwo mit gesenktem Kopf lauert.“

Achten Sie, beten Sie, auf diesen Ausdruck: „den Kopf senken“, er wird bald wieder auftauchen, wenn wir von den Griechen sprechen.

Tatsächlich empfanden die Griechen keine Abneigung gegen das fragliche Vergnügen. *Epigramme* LXXIV., LXXV. und LXXVI., in den *Analecta* von Brunck , Bd. III., S. 165, weisen darauf hin:

LXXIV.

> „Homer hat dir beigebracht, die Stimme zu rufen; aber wer hat dir beigebracht, die Zunge (in einem Schlitz) zu haben?“

Der unbekannte Dichter spielt mit der Mehrdeutigkeit des Wortes ****, das in Bezug auf die Zunge im ehrlichen Sinne verwendet wird, wenn es von ****, ich spreche, abgeleitet ist, aber als abscheuliche Verwendung, wenn es von *** abgeleitet ist , ein Schlitz.

LXXV.

> „Meide Alpheus' Mund, er liebt Arethusas Busen, wenn er kopfüber ins salzige Meer stürzt.“

In diesem Epigramm greift der Dichter auch auf die Mehrdeutigkeit der Wörter Mund, Busen (Bucht), kopfüber, Salzmeer zurück, die sich möglicherweise auf den Fluss Alpheus in Arkadien und auf Arethusa, eine Quelle in der Nähe von Syrakus, beziehen, aber auch auf die Mündung einer *Cunnilingue* , die in die Vulva einer Frau eindringt; ganz zu schweigen von einer weiteren damit zusammenhängenden Idee, auf die wir gleich zurückkommen werden.

LXXVI.

> „ Cheilon und **** haben die gleichen Buchstaben, und warum? Das liegt daran, dass Cheilon Dinge ableckt, die gleich und ungleich sind.“

Dieser Spott richtet sich an den Cunnilingue Cheilon . Das Epigramm sagt ihm, dass er irgendwie ein Recht zum Lecken hat, denn sein aus den gleichen Buchstaben wie **** zusammengesetzter Name verrät dem Lecker sofort, ob er die Lippen eines Mundes lecken darf, der seinem eigenen ähnelt, oder die einer Vulva, die sehr unterschiedlich sind.

Das von Huschkius in seiner *Analecta Critica (S. 245)* veröffentlichte Distichon des Meleager über Phavorinus scheint sich auf dasselbe Thema zu beziehen:

> „Du bezweifelst, dass Phavorinus das tut. Kein Zweifel mehr; Er hat es mir selbst gesagt – *mit seinem eigenen Mund* .

Wie Martial oft sehr gerne das Wort *Narrat* (III., 84) verwendet, wenn er vom Missbrauch der Zunge zur *Fellation spricht* , und Horaz dasselbe, so sagt Meleager **** (er erzählte) von dem Mann, der sie anwendet Sein dafür, dass er die Vulva leckt.

Das folgende Epigramm des Ammanius aus den *Analecta* von Brunck , Bd. II., S. 386, ist etwas unklarer:

> „Es liegt nicht daran, dass du an deinem Stift lutschst, dass ich dich nicht mag; Das liegt daran , dass du das tust – ohne Feder.“

Der vom Autor vorgestellte Scholiat wollte einen faulen Schüler tadeln, der seine Zeit damit verbrachte, an seinem Stift zu lutschen, wie es andere tun, die an seinen Nägeln kauten, und ihn gleichzeitig ausschimpfen, weil er ohne Stift lutschte, also ein *Cunnilingue war* . Aber man kann es so auffassen, und ich denke mit noch größerem Grund, dass es sich um einen Mann handelt, der die Angewohnheit hat, seine Zunge für den obszönen Akt der *Cunnilingue herauszustrecken* , und der so daran gewöhnt ist, dass er sie in die Luft streckt gewöhnlicher Verkehr des Lebens.

Diese monströse Praxis wurde so weit getrieben, dass es fast unglaublich war, dass es Menschen gab, die sich nicht damit zufrieden gaben, trockene Vulven zu lecken, sondern dies taten, während sie von Menstruationsflüssigkeit oder anderen Sekreten feucht waren. Aristophanes sagt über Ariphrades in den *Rittern* , Vers 1280–1283:

> „Er ist nicht nur unanständig; seine Fantasie geht in die Irre; er verunreinigt seine Zunge mit schändlichen Freuden, leckt in seinen Orgien den abscheulichen Tau auf, verunreinigt seinen Bart und quält die Geschlechtsteile der Frauen.“

Die Geschlechtsteile von Frauen quälen, den Tau lecken, den Bart beflecken, da haben Sie den Mann, vor dem feuchte Vulven keinen Ekel haben! dort haben Sie einen Bart wie den des Ravola von Juvenal, IX., 4, „als er mit ganz feuchtem Bart an der Leistengegend von Rhodopé rieb .“ Um jedoch nicht dogmatisch zu sein, kann man zugeben, dass Ravolas feuchter Bart möglicherweise lediglich als nasses Schamhaar eines Unzüchtigen gedacht war. Aus der obigen Passage von Aristophanes können wir mit

Sicherheit ableiten, dass der Ausdruck „mit der Zunge arbeiten", den er ebenfalls, eher zweideutig, in Bezug auf denselben Ariphrades verwendet , sich eher auf eine *Cunnilingue* als auf einen *Fellator bezieht* , *Wasps* , 1847- 77:

> „Dann lernte Ariphrades , der Begabteste von allen, von dem sein Vater einmal sagte, dass er nie einen Lehrer hatte, sondern durch die Natur und aus freien Stücken lernte, mit seiner Zunge zu arbeiten, indem er jedes Bordell besuchte!"

Dieselbe Persönlichkeit erscheint erneut im *Frieden* von 885, wo ohne Umschweife beschrieben wird, dass er das weibliche Sekret mittels einer Soße aufsaugt:

> „Und wenn er sich auf sie stürzt, wird er ihren ganzen Saft austrinken."

Die Griechen hatten jedoch in dieser Art von Wollust eine Schar von Nachahmern unter den Römern. Mamercus Scaurus ist uns durch Seneca (*De Beneficiis* , IV., Kap. 31) in folgender Hinsicht bekannt:

> „Wussten Sie nicht, wann Sie Mamercus ernannt haben? Scaurus als Konsul, dass er die Menstruation seiner Dienstmädchen mundvoll schluckte? Hat er ein Geheimnis daraus gemacht? Hat er vorgetäuscht, ein tadelloser Mann zu sein?"

Ebenso bei Natalis , Buchstabe LXXXVII.:

> „In letzter Zeit Natalis , dieser Mann mit einer ebenso bösartigen wie unreinen Zunge, in dessen Mund Frauen ihre monatliche Reinigung ausspritzten ...“

Beide waren folglich „Menschentrinker", eine Bezeichnung, die Galen, wie wir in Kapitel III gesehen haben, auf *Cunnilingues anwendet* .

Auch jetzt können wir die Bedeutung des Epigramms des Nicharchos gegen Demonax , Bd. 1, klar verstehen. III., S. 334 von Brunck *Analecta* :

> „Betrachte alle Dinge nicht mit gesenktem Haupt, Demonax , und verderbe deine Zunge nicht mit übermäßiger Befriedigung; Die Sau hat bedrohliche Borsten. Du lebst unter uns, aber du schläfst in Phönizien , und obwohl du kein Sohn von Semelé bist, bist du oberschenkelaufgezogen."

Er schaut nie auf, genau wie der Cinede Maternus von Martial, I., 97; er befriedigt seine Zunge, die Erektionen mag; ob die Vulva mit Haaren bedeckt oder enthaart ist, macht ihm nichts aus; tagsüber lebt er in Griechenland, schläft aber in Phönizien , weil er seinen Mund mit dem monatlichen Flussmittel befleckt, das, wie jeder weiß, aus dem phönizischen Farbstoff besteht, nämlich Purpurrot [103] ; Wie ein anderer Bacchus bezieht er seine

Nahrung aus einem Schenkel. [104] Dies bedarf kaum einer Erklärung. Sie können sich den *Cunnilingue* mit zwischen die Schenkel geklebtem Mund bei der Arbeit vorstellen.

Diese seltsame Verderbtheit blieb auch in den folgenden Jahrhunderten bestehen. Ausonius hat in seinen *Epigrammen* CXX., CXXIII., CXXV., CXXVI., CXXVII. und CXXVIII. den Namen Castor und Eunus einen sehr wenig beneidenswerten Ruf hinterlassen :

Epigramm CXX.:

> „Castor [105] wollte den mittleren Teil der Männer lecken, aber er konnte niemanden überreden, mit ihm zu gehen; der *Fellator* ließ sich sein Leckerli jedoch nicht entgehen; Er ging und leckte die Geschlechtsteile seiner Frau."

Epigramm CXXIII. mit dem Titel *In Eunum liguritorem* . – Über Eunus den Lecker:

> „ Eunus , warum machst du Phyllis, der Parfümverkäuferin, den Hof? Männer sagen, deine Zunge kennt ihre Teile, aber nicht dein Glied! Bedenken Sie jedoch, dass Sie bei den Namen ihrer Düfte und Parfüme keine Fehler machen und dass Ihnen die Atmosphäre von Seplasia keinen Streich spielt. Ich denke nicht, dass Costus und Cysthus den gleichen Geruch haben, dass Sardinen und Narden den gleichen Geschmack ausstrahlen. Armer Eunus ! die Dinge, die er schmeckt und riecht, sind sehr unterschiedlich; Sein Mund und seine Nase haben einen völlig unterschiedlichen Geschmack!"

Er sagt spöttisch: Denken Sie nicht, dass die verschiedenen Waren im Laden von Phyllis, Ihrer kleinen Parfümverkäuferin aus Capua (Seplasia ist eigentlich eine Straße der Stadt Capua, in der Parfüme verkauft wurden), alle den gleichen Geruch und Geschmack haben. Der Costus [106] riecht nicht wie der Cysthus [107], die Narde [108] hat einen anderen Geschmack als die Sardinen – eine Art kleiner, in Salz eingelegter Fisch. Mit diesem salzigen Gewürz meint Ausonius genau dasselbe, was der Autor des griechischen Epigramms meint, wenn er vom Salzmeer spricht, und das er selbst Salgama genannt hat , was das Sekret der feuchten Vulva bedeutet. Aber Eunus unterscheidet nicht zwischen dem, was er leckt, und dem, was er riecht; die beiden haben nichts gemeinsam. Er inhaliert Parfüme, die herrlich riechen, und leckt die Vulva, die abscheulich riecht. Seine Nase gehorcht einem Gesetz, seine Zunge einem anderen.

Epigramm CXXV., gerichtet gegen denselben Eunus :

„Die Salgamas sind keine milden Düfte; Geben Sie Platz, alle anderen Düfte. Ich würde lieber überhaupt nicht riechen, weder gut noch schlecht."

Auch hier spielt der Dichter mit den Worten. Die Düfte, die Phyllis verkauft, nennt er Balsame und Salgamas diejenigen, die ihre Vulva ausatmet. Im eigentlichen Sinne handelt es sich bei Salgamas um Wurzeln und Grünpflanzen, die für den Wintergebrauch in Salz eingelegt werden und deren Geruch nicht jedermanns Nase angenehm ist. Sein Ausspruch, dass er lieber gar nichts riechen würde, als etwas Schlechtes zu riechen, ist Martial VI., *Epigr.* entlehnt . 55, gegen Coracinus , der ein *Cunnilingue* war :

„Anstatt schlechte Düfte zu riechen, würde ich überhaupt nicht riechen."

Epigramm CXXVI.:

„ Lais , Eros und Itys, Chiron und Eros, noch einmal Itys – wenn du die Namen aufschreibst und die Anfangsbuchstaben nimmst, ergeben sie ein Wort, und dieses Wort ist das, was du tust, Eunus ." Was dieses Wort ist und bedeutet, lässt mich der Anstand nicht in einfachem Latein sagen."

Die Anfangsbuchstaben der sechs griechischen Namen bilden das Wort ****, er leckt. Der phallische Dichter (*Priapeia* LXVII) spielt auf die gleiche Weise mit dem Wort *paedicare* (pedizieren):

„Nehmen Sie die erste Silbe von *Pe* nelopé ; füge dazu das erste von *Di* do hinzu; Dann füge dem ersten von *Canis* den ersten von *Remus hinzu* : Was sie machen, werde ich dir antun, Dieb, wenn ich dich in meinem Garten erwische. Das ist die Strafe, mit der Ihr Verbrechen rechnen muss."

Ausonius spielt mit den Wörtern *„tun"* und *„machen"* . Die Anfangsbuchstaben der griechischen Wörter *ergeben* ein Wort, das er nicht auf Lateinisch sagen kann – es ist zu unanständig. Doch Eunus zögert nicht, dies zu *tun* es – es in die Tat umsetzen.

Epigramm CXXVII.:

„ Eunus , wenn du die Leisten deiner schwangeren Frau leckst; Das liegt daran, dass du deinen noch ungeborenen Kindern *die Zungensprache beibringen* würdest ."

Sie scheinen, sagt er, Ihre Zunge auszusenden, um Ihren ungeborenen Kindern zu begegnen, und erfüllen Ihre Pflicht als Grammatiker, indem Sie ihnen Zungenunterricht und die Interpretation obskurer Begriffe beibringen.

[109] Der Manneius von Martial, von dem wir oben gesprochen haben, hatte auch die Angewohnheit, die Geschlechtsteile schwangerer Frauen zu lecken.

Epigramm CXXVIII. mit dem Titel „ *Über denselben Eunus , den gelehrten Licker* “:

> „ Eunus , der kleine syrische Pädagoge, Privatmann und Opikan-Arzt (Phyllis verdankt sein Wissen), sieht die weibliche Maschine auf vierfache Weise: Er öffnet sie dreieckig und macht daraus den Buchstaben Delta (Δ); Als er das Faltenpaar nebeneinander entlang des Tals der Oberschenkel mit der Linie in der Mitte sieht, wo sich der Schlitz der Vagina öffnet, sagt er, es sei ein Psi (Ψ); Tatsächlich ist seine Form dann dreifach gespalten. Wenn er dann seine Zunge hineingesteckt hat, ist es ein Lambda (Λ), und er erkennt darin die wahre Absicht eines Phi (Φ). Warum! Ignorant, denkst du, dass du ein Rho (P) geschrieben siehst, wo lediglich ein langes Iota (I) stehen sollte? Verächtlicher Arzt, übler Pedant, Sie selbst haben das Tau (T) verdient; das gekreuzte Theta (θ) sollte von Rechts wegen vor Ihrem Namen stehen.“

Ausonius nennt Eunus einen Opikaner , weil diese schmutzigen Praktiken laut Festus am häufigsten bei den Osci oder Opici vorkamen . Anschließend macht er eine Reihe von Scherzen über die Form des weiblichen Organs, oder besser gesagt stellt er Eunus dabei dar [110]. Er sagt, es scheine ihm entweder viereckig oder dreieckig zu sein, wobei letzteres dem Griechischen [Griechisch: D] entspricht (ähnlicherweise nannte es Aristophanes ein Delta – „ihr von Haaren befreites Delta“, Lysistrata, 151) *und* auch vergleicht es mit dem Buchstaben **, aufgrund der Falten, die die Vulva auf beiden Seiten umgeben [111] und die äußeren Lippen bilden, wobei die Spur in der Mitte die Öffnung der Vulva darstellt und so zusammen den dreifachen Buchstaben ** bilden ; im *Technopaegnium* , 140, nennt er es eine dreizinkige Gabel, wobei der Schlitz die Mitte und die Lippen die äußeren Zinken seien. Dann sagt er, dass Eunus beim Lecken ein Lambda ist, wegen des ersten Buchstabens des Wortes ****. Das alles ist klar genug, und ich verstehe nicht, wie der sehr gebildete Vinet sich über seine Unklarheit beschweren kann. Es bereitete mir auch keine großen Schwierigkeiten zu verstehen, was Ausonius mit den Buchstaben Rho und Iota meint. Die Lösung scheint mir wie folgt zu sein: „Erzähl uns nicht, Eunus , dass deine Pike in Aktion dem Buchstaben (P) der Griechen ähnelt, einem Buchstaben, der offensichtlich wie eine Lanze mit Kugeln aussieht; Bei deinen Liebesspielen benutzt du keine andere Lanze als deine Zunge, die, wie du nicht leugnen wirst, eher wie ein Speer ohne Kugeln aussieht, etwa wie der Buchstabe Iota; Du kannst mich nicht täuschen, der ich wohl weiß, dass du lieber für einen Hurer als für einen *Cunnilingue* gehalten werden würdest , wie dieser Gargilius , von dem Martial, III., 96, sagt:

> „Du trittst nicht ein, leck nur meine Herrin; Und dennoch rühmst du dich als Ehebrecher und Kopulator !“

Zu guter Letzt droht er seinem Mann durch den Tau mit dem Galgen und durch den Theta mit dem Tod. Daran kann kaum ein Zweifel bestehen; Es ist eine erwiesene Tatsache, dass der Buchstabe Theta, der Anfangsbuchstabe des Wortes ****, bei den Griechen die Verurteilung zum Tode bedeutete [112]. Was Tau betrifft, gibt es Raum für Zweifel; Anstelle von Tau geben einige Kopien von Ausonius (δ) an, und obwohl dieses Zeichen laut Scaliger sehr wohl das Seil zum Aufhängen bedeuten könnte, besteht die Schwierigkeit meines Erachtens darin, dass es sich um einen zusammengesetzten Buchstaben, einen kleinen Buchstaben, eine Abkürzung handelt von zweifelhaftem Alter, so zwischen einfachen, großen, ungekürzten Buchstaben platziert, scheint sehr unpassend zu sein. Es kann sein, dass Ausonius ursprünglich **** schrieb; dann hätte *, da es aus Versehen des Kopisten weggelassen wurde, leicht in ** umgewandelt werden können. Das Tau stellt, wie der Leser sofort erkennen wird, einen Galgen dar . Tertullian, *Adversus Maricionem* : „Dieser Buchstabe Tau der Griechen ist bei uns das T, eine Art Kreuz.“

Wie bei der Irrumation wurde das Lecken der Geschlechtsteile von Frauen mit noch größerem Grund vor allem von alten Männern übernommen, deren Werkzeug nicht den Kopf heben würde [113] .

Aloysia Sigaea , Dialog VII., sagt: „Er (Gonzalvo von Cordova) war aufgrund seines hohen Alters ebenfalls ein mächtiger *Cunnilingue* . “

> „Warum leckt Blatara ? weil er es nicht anders schaffen kann.“

Derselbe Autor, VI., 26:

> „ Lotades hat die Kraft der Versteifung verloren; so leckt.“

Und noch einmal, XII., 88:

> „Dreißig kleine Jungen stehen Ihnen zur Verfügung und ebenso viele Mädchen; Dennoch hast du nur ein Mitglied, und das wird nicht auferstehen. Was wirst du dann tun?“

Lecken, zweifellos, wie uns Linus im *Epigr. erzählt hat* . XI., 25:

> „Diese zu verspielte Mentula, Linus, die Mädchen in Hülle und Fülle so gut kennt , wird länger bestehen bleiben; also pass auf deine Zunge auf.“

Sextillus (Martial, II., 28) war aller Wahrscheinlichkeit nach auch ein *Cunnilingue* :

> „Lache über die, Sextillus , die dich Cinede nennen , und zeig ihnen deinen Mittelfinger [114] . “ Du bist weder ein Pedicon noch ein Hurer, Sextillus , noch verführt dich Vetustillas brennender Mund . – Du bist keiner von diesen, das gebe ich zu, Sextillus ; Was bist du dann? Ich weiß es nicht, aber denken Sie daran! Es gibt noch zwei Arten.“

Sextillus bleiben noch zwei Arten übrig , das männliche Glied zu saugen und die Vulva zu lecken, während er weder ein Hurer noch ein Cinede noch ein Pedicon noch ein Irrumator ist . Für wen hat er sich entschieden? Das wird uns nicht gesagt. Eunuchen, die ebenso machtlos sind wie alte Männer, übernehmen aus demselben Grund diese Praxis. [115] Gregory Nazianzen sagt in seiner Trauerpredigt über Basilius den Großen:

> „Die vom Gynäzeum , jene Männer, die unter den Frauen Männer und unter den Männern Frauen sind; die nichts Männliches an sich haben außer ihrer Gottlosigkeit; Diejenigen, die sich der Wollust nicht auf natürliche Weise hingeben können, haben als einzige Alternative Zuflucht zu ihrer Zunge.“

Die *Cunnilingues* strömten einen üblen Geruch aus dem Mund, und ihre Küsse wurden ebenso gemieden wie die der *Fellatoren* . Martial, XII., 87:

> „Sie sagen, die Münder von Pedikonen riechen schlecht; Wenn das wahr ist, Fabullus , wie du sagst, sag es mir! Was halten Sie vom Atem der *Cunnilingues* ?“

Und das Gleiche, XII., 59:

> „Die Nachbarn küssen euch alle , vom bärtigen Kuhhirten, dessen Küsse den Geschmack eines Ziegenbocks haben, bis hin zum *Fellator* und dem *Cunnilingue, der* frisch von seinem Geschäft kommt.“

Cunnilingues und *Fellators* werden von Catullus (XXXVII.) wegen ihres stinkenden Atems mit Ziegenböcken verglichen:

> „Glauben Sie, dass Sie allein Mitglieder haben, dass Sie allein das Recht haben, Frauen zu befriedigen, und dass Sie alle anderen Männer als Ziegenböcke betrachten dürfen?“

Nehmen Sie nicht einen Moment an, dass Catullus hier von kastrierten Ziegenböcken spricht, das würde dem Sinn des Wortes widersprechen, mit dem ausnahmslos ganze Ziegenböcke bezeichnet werden. Der Sinn ist derselbe, nur auf eine andere Art verstanden. Er sagt: „Glauben Sie, dass Sie allein Mitglieder haben, die in der Lage sind, die Geschäfte der Mädchen zu erledigen? Dass alle anderen durch ihren bockigen Atem ihr abscheuliches

Gewerbe als *Cunnilingues* oder *Fellatoren* und folglich die Trägheit ihrer Mentula, ihre Schwäche, ihre Unfähigkeit zur Erektion verraten? Sie werden die Schärfe des Verses von Atellane über Tiberius Cäsar besser zu schätzen wissen : „Ein alter Bock leckt die Teile der Ziegen."

Man hielt es für besser, es für einen Hurer als für einen *Cunnilingue zu halten* ; erstens, weil deine Freunde dich nicht küssen wollten; Martial, VII., 94:

> „Ich würde mich lieber mit hundert *Cunnilingues auseinandersetzen* ."

Suetonius, *De Illustribus Grammaticis* , Kap. 23:

> „Er (Remmius Palaemon liebte Frauen so sehr, dass er seinen Mund prostituierte, um ihnen zu gefallen, und es heißt, er sei eines Tages auf folgende Weise von einem Mann zurechtgewiesen worden, der es in der Menge nicht schaffen konnte, einem seiner Küsse auszuweichen : „Meister", sagte er, „wenn Sie einen Mann sehen, der es eilig hat wegzukommen, werden Sie ihn dann ablecken?"

Zweitens aus Angst, Ihre Gäste abzuschrecken. Aristophanes sagt über Ariphrades in den *Rittern* , 1285, 86:

> „Wer diesen Mann nicht verflucht, der möge nie mit uns aus demselben Kelch trinken" – schließlich aus Angst davor, deutlich zu machen, wie geschrumpft man war und wie elend sein Glied war. Martial, III., 96:

> „Du leckst meine Herrin, aber du dringst nicht in sie ein; Und dennoch rühmst du dich als Ehebrecher und Kopulator !"

Daher legten die *Cunnilingues* nicht weniger Wert darauf als die *Fellatoren* , den stinkenden Atem ihres Atems durch Essenzen und Parfüme zu verbergen, Martial, VI., 55:

> „Immer duftet es nach Cassia und Zimt, und deine Haut ist von Düften aus dem Nest des Phönix verdunkelt , du riechst nach den bleiernen Krügen aus dem Laden von Nicerotus . Du verspottest uns, Coracinus , weil wir geruchlos sind. Anstatt so süß zu riechen wie du, würde ich überhaupt nicht riechen."

Um jeden Zweifel daran auszuräumen, dass Coracinus ein *Fellator* oder ein *Cunnilingue ist* , zitieren wir *Epigr* . IV., 43, wo er ausdrücklich als *Cunnilingue bezeichnet wird* :

> „Ich habe nicht gesagt, dass du ein Cinede bist , Coracinus ; Ich bin nicht so voreilig und rücksichtslos. Was ich in einer leichten, unbedeutenden Angelegenheit gesagt habe, die Ihnen vollkommen bekannt ist und die Sie sich nicht verleugnen werden: – Ich sagte: „ Coracinus , du warst ein *Cunnilingue* ."

Es wurde angenommen, dass Venus sich selbst oder ihr zugefügte Verletzungen rächte, indem sie die Schuldigen nicht nur dazu verurteilte, sich der passiven Partei zu unterwerfen, sondern indem sie sie in *Cunnilingues verwandelte* . Daher der pathetische Geschmack des Philoktetes:

„Womit die Armut von Lemnos den Erben des Herakles inspirierte."

Um die Worte von Ausonius zu verwenden: *Epigr* . LXXI; und indem Venus diese Geschmäcker zufügte, soll sie die Wunden von Paris gerächt haben, Martial, II., 84:

„Die Söhne des Poias war weiblich und neigte zur Männerliebe; So sagt man, dass Venus die Wunden von Paris gerächt hat."

Im selben Epigramm rühmt sich Martial Sertorius wegen seiner *Cunnilingue* und gibt als möglichen Grund dafür an, dass er Eryx , den Sohn der Venus, getötet hat:

„Warum leckt der Sizilianer Sertorius die Geschlechtsteile von Frauen? denn, Rufus, es scheint, dass er Eryx getötet hat ."

Cunnilingues scheinen im Allgemeinen blasse Gesichter gehabt zu haben; Es ist Sache der Mediziner, zu sagen, warum. Dies kann Ihnen helfen, das Salz in Martials Epigramm über Charinus , I., 78 zu erkennen :

„ Charinus ist wohlauf und stark, und dennoch ist er blass;

Charinus trinkt mäßig und ist dennoch blass;

Charinus verdaut gut und ist trotzdem blass;

Charinus liebt die freie Luft und die Sonne, und trotzdem ist er blass;

Charinus färbt seine Haut und ist immer noch blass;

Charinus leckt die Geschlechtsteile einer Frau, und er ist immer noch blass."

Das heißt, unter den Ursachen, die die Blässe verhindern sollten, ist die zuletzt aufgezählte die wahre Ursache seiner Blässe. *Fellatoren* scheinen auch blasse Gesichter gehabt zu haben, *Catullus* , LXXX:

„Wie kommt es, Gellius , dass deine rosigen Lippen weißer werden als der Winterschnee, wenn du morgens dein Haus verlässt und die achte Stunde dich aus deiner langen sanften Ruhe ruft? Ich weiß nicht, was ich denken soll. Kann es wahr sein, was das Gerücht verbreitet, dass du die Mittelteile von Männern verschlingst? Das beweisen jedenfalls die eingefallenen Flanken des elenden Virro und deine eigenen Lippen, die mit dem milchigen Saft bedeckt sind, den du von ihm gesaugt hast."

Die verdorrten Flanken sind die von Virro , dem *Irrumator* , die Lippen die von Gellius ; Die Passage ist etwas mehrdeutig und nur so zu erklären. Ein Virro , der es gewohnt ist, das Passiv zu übernehmen, wurde von uns bereits erwähnt, indem er Juvenal, IX., 35 zitierte. Ich weiß nicht, ob es dasselbe ist:

> „Obwohl Virro euch alle nackt gesehen hat und ihm der Schaum über die Lippen gestiegen ist."

Pathiker scheinen , nicht weniger als *Fellatoren* , blasse Gesichter zu haben. Juvenal, II., 50:

> „ Hispo unterwirft sich jungen Männern; Er ist blass vor jeder Art von Schande."

Er diente jungen Männern als *Geduldiger und war darüber hinaus ein Fellator* , wie der Unterschied zeigt, den der Dichter zwischen ihm und Frauen herstellt, die sich nicht gegenseitig die geheimen Teile lecken:

> „ Taedia leckt weder Cluvia noch Flora Catulla ."

Tatsächlich sind Frauen selten *Cunnilingues* , obwohl es Beispiele dafür *gibt* . Martial erwähnt nur eine Frau als zu dieser Kategorie gehörend; wir werden ihr im nächsten Kapitel wieder begegnen.

102 . Aber Clodia war für Publius Clodius mehr als eine Schwester ; Dies geht aus der temperamentvollen Höflichkeit von Cicero hervor, *Pro Coelio* , Kap. 13:

> „Wenn es zwischen mir und dem Ehemann dieser Dame keine Differenzen gegeben hätte, ... Bruder, würde ich sagen; Ich mache immer diesen Fehler."

103 . Gonzalvo von Cordova, laut Aloysia Sigaea (Dialog VIII.) machte ähnliche Witze: „Ich bin mir sicher, dass er trotz seines Alters auch ein großartiger Zungenspieler (Linguist) war." Ein hübsches Mädchen von etwa zwanzig Jahren musste ihn amüsieren. Als er ihr *juste milieu* seine Zunge zeigen wollte , erklärte er, er wolle nach Ligurien gehen." Er konnte mit Worten über das gleiche Thema spielen und dabei immer die Vorstellung einer feuchten Vulva implizieren, indem er sagte, dass er nach Phönizien oder ans Rote Meer oder an den Salzsee ginge; Sie verstehen nun, was mit dem Salzsee oder Salzmeer gemeint ist, in das sich Alpheus laut dem Epigramm in der *Anthologie stürzte* . Fast verwandt damit sind die Salgamas des Ausonius, von denen wir gleich sprechen werden, und die „in fauliger Salzlake schwimmenden Zwiebeln", die der Bæticus von Martial, III., 77 verschlingt. Wie von den Fellatoren gesagt wurde, dass sie „ phönizisierten ", weil sie dem Beispiel der Phönizier folgten, so wurde wahrscheinlich das gleiche Wort auf die *Cunnilingues* angewendet , die es liebten, in einem bestimmten Meer aus phönizischem Rot zu schwimmen ; und tatsächlich war dies der Fall. Hesychius: „ Scylax , eine erotische Haltung, wie sie von den Phöniziern eingenommen wird ." Die Phönizier nahmen eine bestimmte Haltung ein, die Scylax oder *Hund genannt wurde* . Es gibt nichts Besseres, um die verdorbene Handlungsweise eines *Cunnilingue zu beschreiben* , als dieses Hunde-Epitheton in Bezug auf die Haltung, die zum Reizen oder Fellieren eingenommen wird ; Wie jeder weiß, sind Hunde *Cunnilingues* , und das schon seit ihrem abscheulichen Abenteuer, das ihre Botschafter erlebten (Anspielung auf die Fabel von Phaedrus).

104 . Ovid, *Metamorphosen* , III., 308-12:

> „... Die sterbliche Frau konnte das himmlische Feuer nicht überleben; Sie war von den Gefälligkeiten ihres Ehepartners überwältigt . Das halbgeborene Kind wird aus dem Mutterleib

gerissen und, wenn wir der Geschichte glauben dürfen, noch unreif in den Schenkel des Vaters gesät, und dort endet die Schwangerschaftsperiode."

105 . Dieser Castor ist vielleicht derselbe, der nach der Aussage von Ausonius (Epigramm in *Professoribus Burdegalensibus* , XXII., 7) hatte ein Buch mit dem Titel *Cunctis de Regibus veröffentlicht Mehrdeutigkeit* .

106 . Plinius, *Nat. Hist.* , XII., Kap. 12: „Die Costus -Wurzel hat einen brennenden Geschmack und einen exquisiten Geruch; seine Beeren sind sonst nutzlos."

107 . Der Cysthus , griechisch ****, ist der Geschlechtsteil einer Frau. Aristophanes, *Lysistrata* , Vers 1160: „Und einen schöneren Cysthus habe ich nie gesehen."

108 . Plinius *Nat. Hist.* , XII., Kap. 12: „Die Blätter der Narde müssen genauer betrachtet werden, denn sie sind ein Hauptbestandteil der Parfümerie."

109 . Quintilian, *Institut . Orat* ., I., Kap. 1: „Er kann die Interpretation der okkulten Sprachen lernen, was die Griechen ****** Alcuin, *Grammatica* , S. 2086, in Putschius ' *Sammlung* : *Glossa* ist die Interpretation eines Verbs oder eines Substantivs; *z.B catus* ist dasselbe wie *doctus* ." Bei dieser Gelegenheit darf der Direktor der Hofbibliothek in Coburg mitteilen, dass diese Bibliothek eine bemerkenswerte Kopie der Sammlung von Putschius enthält , die von John Scheffer stammt , der 1679 in Upsala starb und wie folgt beginnt: „Die Anmerkungen finden sich in diesem Band am Rande von Buch IV. und V. von Priscian wurden nach einem sehr alten und sehr schön geschriebenen Manuskript angefertigt, in dem sich eine Reihe von Spuren primitiver lateinischer Orthographie finden, wie zum Beispiel: *dirivare* für *derivare* , *peneultimus* und *antepeneultimus* für *penultimus* und *antepenultimus* , *Oratius* für *Horatius* usw."

110 . Da wir uns mit der Form des weiblichen Organs befassen, ist es nicht verkehrt, an dieser Stelle alle verschiedenen Namen aufzuzählen, unter denen es im Lateinischen bekannt war; Den größten Teil davon haben wir aus der Schatzkammer von Aloysia gesammelt Sigaea : „Das Feld, der Ring, die Furche, die Höhle, die Klitoris, das Muschelhorn, der Cunnus , das kleine Boot, die Zysthus , die Grube, der Garten, die Zwischenschenkel, die Barke , die Schweine, die Pforte, der Schlitz, der Abgrund, das Loch, der Graben, die Scheide, die Jungfrau, die Vulva. Und was sollte uns daran hindern, zu diesem Zeitpunkt die Namen des männlichen Mitglieds zu nennen: Die Armatur des Bauches, das Katapult, der Schwanz, der

Stiel, das Paket, die Säule, die Stange, die Lanze mit Kugeln, das Amulett, das Hecht, die Leiste, der Kleiderbügel, die Mentula, der Mutinus , der Muto , der Nerv, das männliche Zeichen, der Pflock, die Peculia , der Penis, der Stopper, der Phallus, der Speer, der Baum, der Obelisk, der Schaft , das Gespenst , das Samenglied, die Ahle, der Stier, der Pfeil, die Balista, der Balken , der Thyrsus, das Gefäß, das kleine Gefäß, die Ader, das Private, die Verpa und Verpus , der Rand, die Pflugschar. " Hier haben Sie mehr als genug.

111 . *Altrinsecus* ist bei Ausonius gleichbedeutend mit *utrinsecus* , was bedeutet, von beiden Seiten. Lactantius verwendet dieses Wort in *De Opificio Dei* , Kap. 8: „Es ist unglaublich, wie die Tatsache, dass sie doppelt sind (die Ohren), zu ihrer Schönheit beiträgt, sowohl aufgrund der so erzeugten Symmetrie als auch weil die Geräusche, die auf allen Seiten entstehen, auf beiden Seiten leichter empfangen werden können." (altrinsecus)."

112 . Persius , VI., 13: „Und du darfst das Verbrechen mit einem schwarzen Theta markieren." Siehe auch Martial, VII., 36.

113 . Ich sage, es wurde von ihnen besonders übernommen; dass es auch junge Männer gab, die durch eine einzigartige Verderbtheit die Vulva leckten, in die sie eigentlich hätten eindringen können, erzählt uns Martial, XI., 86:

> „Ein böser Stern, Zoilus , hat deine Zunge plötzlich getroffen,
> selbst während du deine Vulva lecktest. Natürlich musst du ,
> Zoilus , jetzt dein Mitglied einsetzen."

114 . Wenn der Mittelfinger zeigt, sind die anderen Finger nach innen gedreht und stellen somit eine Mentula mit ihren Accessoires dar; Aus diesem Grund wurde es Cinedes auf diese Weise demonstriert (die Griechen drückten dies in einem einzigen Wort aus: ******), sei es als Einladung oder um sie zu necken. Martial, I., 93: „Cestus hat sich oft bei mir beschwert, Mamurianus , dass du ihn mit deinem Finger neckst." Es richtete sich auch gegen Menschen, die verachtet wurden. Derselbe Autor, VI., 70:

> „Er zeigt mit dem Finger und zwar mit dem unverschämten
> Finger" (das tut Martianus , der nie krank ist, den Ärzten).
> Daher erhielt dieser unglückliche Finger den Beinamen
> „berüchtigt". Persius sagt ohne obszönen Nachdenken, II., 33:
> „Die Großmutter reinigt das Kind mit dem berüchtigten
> (Mittel-)Finger."

115 . Dennoch mangelt es Eunuchen, denen die Hoden, aber nicht die Mentula entzogen wurden, keineswegs an Gleitfähigkeit: Sie

können ihr Geschäft ohne Gefahr für eine Frau ausüben, da sie keine Kinder zeugen können. Die römischen Matronen waren sich dieser Tatsache durchaus bewusst: Martial, VI., 67:

> „Du fragst mich, Pannicus , warum Gallia so viele Eunuchen hält; Sie liebt es, genossen zu werden, möchte aber keine Kinder."

Juvenal, VI., 365-67:

> „Es gibt Frauen, die schwache Eunuchen und Küsse mögen, die immer harmlos sind, und die Abwesenheit, nein! die Unmöglichkeit eines Bartes, denn sie brauchen kein Abtreibungsmittel zu verwenden."

Hl. Hieronymus, im *Leben des Hilarion* : „Ein Verwalter mit Lockenlocken, kastriert um längeren Genusses und vollkommener Sicherheit willen ..." Um ihr Vergnügen sicherer zu machen , ließen erfahrene Damen die Hoden der Eunuchen nicht zu abgeschnitten werden, bis das Glied seine volle Proportion erreicht hat, aus Angst, dass es mickrig und inaktiv bleiben könnte, wenn die Operation früher durchgeführt würde. Sie wollten, dass ihre Eunuchen gut ausgestattet waren und in der Lage waren, Priapus selbst herauszufordern. Dadurch ließen sie sich gern arbeiten, denn sie waren sicher, nicht in die Enge getrieben zu werden. Juvenal, VI., 367-77:

> „Bei denen ist das Vergnügen der Liebe jedoch am erlesensten, deren Hoden, wenn sie kräftig und voll ausgereift sind, den Chirurgen übergeben werden, deren Schamhaare bereits schwarz behaart sind. Die Organe werden geschont, bis sie voll und bereit sind; Als sie schließlich zwei Pfund wiegen, schneidet Heliodorus sie zum Schaden des Friseurs. Die Beobachter aller Beobachter, von allen angestarrt, sehen ihn die Bäder betreten und den Gott des Weinbergs und des Gartens herausfordern, der auf Befehl seiner Dame so kastriert wurde. Er darf jetzt bei seiner Herrin schlafen; Sei immer noch vorsichtig, Josthumus , wie du ihm deinen Bromius anvertraust , der jetzt voll entwickelt und bereit für das Rasiermesser ist."

KAPITEL VI

VON TRIBADEN

DIE Tribaden , auch Friktionisten genannt [116] aus dem Griechischen ****, ich reibe, sind Frauen, bei denen der Teil des Genitalapparates, der Klitoris genannt wird, solche Ausmaße annimmt, dass sie ihn als Mentula verwenden können, entweder wegen Unzucht oder Pedikation . Die Klitoris, [117] eine sehr empfindliche Karunkel (ein kleiner fleischiger Kegel), die sich bewegen kann und einem Rand ähnelt, kommt bei allen Frauen zur Erektion, nicht nur während des Koitus, dessen Freuden sie immens steigern soll durch gesteigerte Erregung, aber auch als Folge bloß verliebter Sehnsucht; Mit Tribads erreicht es, sei es durch eine Launenhaftigkeit der Natur oder infolge häufigen Gebrauchs, übermäßige Ausmaße [118] . Der Tribad kann es zur Erektion bringen, in eine Vulva oder einen Anus eindringen, eine köstliche Wollust genießen und der Frau, die die passive Rolle spielt, wenn nicht eine vollständige Verwirklichung des Zusammenlebens, so doch zumindest etwas ganz Ähnliches verschaffen. Was gibt es noch zu sagen? Sie spielt die Rolle des Mannes, indem sie die Ejakulation des Samens unterlässt, obwohl diese Art von Koitus eine völlig trockene Angelegenheit wäre, da Frauen die Angewohnheit haben, ihre Flüssigkeit während der Liebesfreuden auszustoßen [119] .

Diese Verdorbenheit der Wollust, sei es durch die Wärme des Klimas, durch eine Besonderheit des Bodens oder des Wassers oder durch andere uns unbekannte Gründe, kam besonders häufig bei den Frauen von Lesbos vor; Dies wird von allen alten Schriftstellern bestätigt. Lucian schreibt in seinen „Dialogen der Kurtisanen", Nr. V (Werke, Bd. VII, S. 349): „Dies ist einer dieser Tribaden , wie sie auf Lesbos zu finden sind, die nichts zu tun haben werden." Machen Sie mit den Männern und machen Sie die Geschäfte der Männer mit den Frauen." Wenn solche Dinge bei den lesbischen Frauen alltäglich waren , müssen wir glauben, dass sie durch natürlichen Antrieb dazu gedrängt wurden [120] und um eine unerträgliche Lüsternheit zu besänftigen. Wer hat nicht von der berühmtesten Königin aller Tribadien , Sappho, gehört, die selbst eine Lesbe ist? Einige Autoren, darunter Maximum of Tire , haben mit der besten Absicht versucht, sie von seinem berüchtigten Laster zu befreien; Aber wenn man sie bei Ovid hört (und er repräsentiert die Alten in Gefühlen und Gefühlen), würden Apologeten sie ablehnen, *Heroides* , XV., 15-20:

„Weder die Jungfrauen von Pyrrha, noch die von Methymna [121] , noch die ganze Schar lesbischer Schönheiten gefallen mir. Abscheulich erscheint mir Anactoria , abscheulich die schöne Cydno,

Atthis ist mir nicht mehr so lieb wie einst, noch hundert andere liebte ich nicht unschuldig [122] . Schurke! Dein gehört jetzt vielen Frauen …"

und Vers 201:

„Lesbische Frauen, Geliebte, die mich berüchtigt gemacht haben!"

Sappho spricht zunächst allgemein von denen, die sich ihren Liebkosungen ergeben haben, den Jungfrauen von Pyrrha und Methymna ; dann erwähnt sie namentlich Anactoria , Cydno und Atthis , zu denen Suidas Telesippa und Megara hinzufügt :

„Ihre Favoriten, die sie sehr liebte, waren drei an der Zahl: Atthis , Telesippa , Megara, und für diejenigen, die sie in unreiner Leidenschaft verbrannte."

Diese Passagen aus den Alten sind klar genug und lassen keinen Zweifel zu; sie helfen uns sogar dabei, andere Sätze zu erklären, die sonst unklar oder mehrdeutig erscheinen; zum Beispiel die „männliche Sappho" des Horaz (*Briefe* I., XIX., 28); „erhebt Klage gegen die Mägde ihres Landes" (*Odes* II., XIII., 25); auch Ovid, *Kunst der Liebe* , III., 331.

„Sappho sollte auch bekannt sein; Was könnte mutwilliger sein als sie?" *Tristia* , II., 363:

„Was wurde von der Lesbe Sappho gelehrt, außer die Liebe zu Dienstmädchen?"

und Martial, VII., 68 [123] .

„Sappho, die Verliebte, lobte unsere Dichterin; Letzteres war reiner , ersteres nicht vollkommener in der Kunst."

Lucians witzige und zügellose Feder hat im oben zitierten Dialog einen weiteren Tribados , Megilla , berühmt gemacht. Dieser Dialog ist nicht unverschämt obszön, denn er bricht gerade in dem Moment ab, in dem die Dinge ganz klar hätten gesagt werden müssen; Dennoch hat die jungfräuliche Bescheidenheit unseres Wieland es nicht gewagt, es ins Deutsche zu übersetzen. Der Philosoph von Samosata bringt Leaena auf den Plan und lässt sie offenbaren, durch welche Kunstgriffe Megilla ihre Zustimmung erlangt hat. Leaena fragt Megilla :

„Bist du dann wie ein Mann gemacht und verhältst dich mit Demonassa (den Megilla nach der Art von Tribads benutzte) wie Männer?" „Das habe ich nicht ganz, meine Leaena ", antwortet Megilla , „aber ich bin nicht ganz ohne. Sie werden mich jedoch bei der Arbeit sehen, und zwar auf eine sehr angenehme Art und Weise. Ich bin wie ihr alle geboren, habe aber den Geschmack, die Wünsche und noch etwas anderes eines Mannes. Lass es mich mit dir machen, wenn du mir nicht glaubst, und du wirst sehen, dass ich alles habe, was Männer haben. Gib mir die Erlaubnis, dich zu bearbeiten, und du wirst sehen." Leaena gesteht, dass sie schließlich zugestimmt hat, bewegt von ihren Bitten und Versprechungen und zweifellos auch von der Neuheit der Sache. „Ich habe ihr freien Lauf gelassen", sagt sie, „und habe ihren Bitten nachgegeben, unterstützt von einer prächtigen Halskette und einem Gewand aus feinem Leinen." Ich nahm sie wie einen Mann in meine Arme; Sie machte sich an die Arbeit, streichelte mich, keuchte vor Erregung und empfand offensichtlich das Äußerste an Vergnügen." Clonarion fragt sie neugierig:

„Aber was hat sie mit dir gemacht, Leaena , und wie hat sie es geschafft?" Doch Leaena weicht der Frage aus. „Fragen Sie mich nichts mehr; das sind böse Taten; Bei Urania, ich werde kein Wort mehr sagen!" Sie antwortet zum großen Bedauern des Lesers, der dieses Geheimnis gerne weiter ergründen möchte.

Unter den Tribaden ist noch Philaenis zu nennen , zweifellos derselbe, der laut Lucian (*Amores* , Kap. 28 – Werke Bd. V., S. 88) über erotische Haltungen schrieb: „Lasst die Gemächer unserer Frauen gefüllt sein." von Frauen wie Philaenis , enthert durch androgyne [124] Lieben!" – Sophoclidisca bei Plautus, zu dem Paegnion sagt: „Streicheln Sie mich nicht, Subagitatrix !" (*Persa* , Akt II., 41); – und Folia von Ariminum , die laut Horaz (*Epodes* , V., 41) „von männlicher Gleitfähigkeit" war. Allerdings berühren Autoren diese Punkte in der Regel lockerer, als es der Neugier des Lesers zuträglich ist. Aus dem gleichen Grund ist die zu große Zurückhaltung Senecas (*Controversia* , II) zu bedauern, wo er am Ende sagt:

„ Hybreas musste sich für einen Mann einsetzen, der einen Stammesvater überrascht und getötet hatte , und beschrieb die Trauer des Mannes; Zu einem solchen Thema darf man keine allzu spezifische Untersuchung verlangen."

Viel vollständiger, vollständiger und expliziter ist unser guter Freund Bilbilis (Martial). Höre ihn! er enthüllt die tribadischen Taten Balbas so deutlich, dass es nicht besser gemacht werden könnte; I., 91:

„Niemand, Bassa , hat dich jemals mit Männern gehen sehen; Da Ihnen Gerüchten zufolge nie ein Liebhaber zugeteilt wurde, da jedes Amt um Sie herum von einer Schar von Frauen erfüllt wurde und nie ein Mann in Ihre Nähe kam, kamen Sie uns, das gebe ich zu, wie eine echte Lucretia vor. Aber, oh! Schäme dich, Bassa , du warst die ganze Zeit ein Unzüchtiger! Du wagst es, die Geschlechtsteile zweier Frauen miteinander zu verbinden, und dein monströses Liebesorgan täuscht den abwesenden Mann vor. Du hast ein Wunder erfunden, das dem thebischen Rätsel entspricht : Wo kein Mensch ist, soll Ehebruch stattfinden!"

Sicherlich ist klar genug, was Bassa getan hat, als er die Geschlechtsteile zweier Frauen miteinander verbunden hat. Auf keinen Fall! Es gibt Erklärer, und zwar auch sehr gute, die diese sehr einfache Passage völlig missverstanden haben und sich eingebildet haben, Bassa habe Frauen missbraucht, indem er ihnen ein ledernes Gerät, einen Olisbos , einen *Godemiche , in die Vagina eingeführt habe* ; Wir werden am Ende dieses Kapitels über diese Art von Vergnügen sprechen, aber es war Bassa völlig unbekannt , die den Mann in ihrer eigenen Person simulierte.

Nichts könnte ungeheuerlicher sein als die freizügige Leidenschaft des Philaenis ; sie begnügte sich nicht damit, ihre steife Klitoris in die Vulva von Tribads einzuführen , Martial, VII., 69:

> „ Tribad der Tribads , du, Philaenis , du hast mit gutem Recht, sie deine Geliebte zu nennen, der du arbeitest." oder in denen anderer junger Mädchen, und an einem Tag ein Dutzend davon unter sich zu haben; aber sie behandelte sogar Jungen mit Pedikamenten ; Martial, VII., 67:

> „ Philaenis, der Tribad pädiziert Jungen [125] , und steifer als ein Mann arbeitet an einem Tag elf Mädchen."

Um an männlichen Gelüsten nichts unversucht zu lassen, war sie auch eine *Cunnilingue* ; dasselbe Epigramm, am Ende:

> „Nach alledem, wenn sie in guter Verfassung ist, saugt sie nicht, das ist zu weiblich; Sie verschlingt Mädchen bis in die Mitte. Mögen alle Götter dich verwirren, Philaenis , die es für männliche Arbeit halten, die Vulva zu lecken."

Philaenis ließ sich, als sie zu sehr im Trott war, auch von *Cunnilingues* bedienen ; Dies geht deutlich aus Martial, IX., 41 hervor:

> „Als Diodorus , der die tarpeischen Kronen wollte, Pharos zurückließ und nach Rom segelte, gelobte Philaenis , dass zur Feier der Rückkehr ihrer Gefährtin eine unschuldige Magd sie lecken sollte, wie sie die keuschen Sabinerinnen noch immer schätzen."

Sie schwor, wenn ihr Mann zurückkäme, um sich von einem jungen Mädchen, das für seine Unschuld und Keuschheit bekannt ist, ihre Vulva lecken zu lassen; es durch Prostituierte tun zu lassen, war für Philaenis nichts Neues; Sie wollte bei dieser Gelegenheit mit einer Jungfrau experimentieren, genau wie Männer, die immer etwas Neues und Seltsames wollen, um ihre Lust anzuregen. Wie selten es vorkam, dass Frauen andere Frauen zu diesem Zweck benutzten, geht aus Juvenal II., 47-49 hervor:

„... Es wird keinen anderen Vorfall in unserem Geschlecht geben, der so abscheulich ist; Taedia leckt weder Cluvia noch Flora Catulla ."

Aber was könnte den Leser stärker, energischer und klarer über dieses Thema aufklären als die folgenden Verse in *Satire* VI., 308-333, in denen Juvenals Zorn gegen die tribadischen Orgien in Rom in feurigen Worten ausbricht?

„Nachts stellen sie hier ihre Sänften auf, stellen hier Wasser her und überschwemmen mit langen Siphons die Statue der Göttin, und sie reiten im Kreis und im Kreis und vollführen ihre Bewegungen unter den Augen des bewussten Mondes; dann machen sie sich auf den Heimweg. Wenn das Morgenlicht zurückkehrt, gehst du durch die Pisse deiner Frau, um deine tollen Freunde zu besuchen. Bekannt sind die geheimen Riten der *Bona Dea* , wenn die Flöte ihre mutwilligen Lenden erregt , wenn sie von Musik und Wein betrunken sind, rasen sie dahin, wirbeln ihre Locken und heulen, diese Mänaden von Priapus! Wie sie sich nach sofortiger Kopulation sehnen! wie ihre Stimme vor leidenschaftlicher Sehnsucht zittert! Welche Ströme alten Weins ergießen sich über ihre triefenden Schenkel! Ein Preis wird ausgelobt, und Laufeia fordert die Mädchen des Bordellmeisters heraus und gewinnt den ersten Platz für flinke Hüften; während sie selbst verrückt nach dem Vergnügen ist, das Medullinas kunstvolle Bewegungen ihr bereiten. Unter diesen Damen hat Verdienst den Vorrang vor edlem Blut. Da darf nichts vorgetäuscht werden, alles muss in wahrer Wahrheit und in der Tat getan werden – genug, um Laomedons Sohn und den alten Nestor mit seinem Bruch in Brand zu stecken, wie abgekühlt auch immer das Alter sein mag! Dann sieht man bloße Lust, die keinen weiteren Aufschub duldet, Frauen in ihrer nackten Brutalität, während aus jeder Ecke der unterirdischen Halle der wiederholte Ruf erklingt: „Die Stunde ist gekommen, lasst die Männer herein.“ Schläft der Liebhaber? Sie fordert den ersten jungen Mann auf, seine Kapuze hochzunehmen und sofort zu kommen. Ist keiner zu finden? Der Rückzugsort ist auf Sklaven angewiesen. Keine Hoffnung auf Sklaven? Es wird ein Wasserträger angeheuert. Wenn er nicht kommt und es keine Männer gibt, wird sie keinen Augenblick länger warten und sich einen Arsch holen, der sie von hinten besteigt.“

Die tribadischen Orgien wurden in zwei Arten unterteilt; in einem von ihnen ließen die römischen Damen ihrer Lust freien Lauf und entweihten den Altar der Keuschheit; im anderen feierten sie die Geheimnisse der *Bona Dea* . Sie sehen zunächst, dass die Tribaden nachts in Sänften zum Altar der Keuschheit gehen, dort ihr Wasser [126] gegen die Statue der Göttin fließen lassen und ihr auf jeden Fall ihren Urin ins Gesicht gespritzt haben [127]. Machen Sie das Gelände überall nass (ihre Ehemänner gehen morgens direkt hindurch, wenn sie ihre Gäste besuchen), und dann reiten sie oder lassen sich abwechselnd reiten; Hier haben wir mehr als einen Philaenis , Tribad der Tribads ! Andere Damen feiern die Geheimnisse der *Bona Dea , die der Öffentlichkeit seit den Abenteuern von* Clodius [128] bekannt sind . Sie beobachten, wie sie sich mit den Klängen von Flöten und Trompeten sowie mit Weindämpfen aufraffen, um tapfer die Kämpfe der gegenseitigen Liebe zu bestehen. Sie sehen ihre verliebte Raserei, ihre im Wind fliegenden Haare; Sie bemerken ihre sehnsüchtigen Seufzer und wie sie vor Aufregung pissen. Wie beim Fest von Papst Alexander VI. wird ein Preis für den unerschrockensten Stammesvater festgelegt : Laufeia fordert die Bordellmädchen auf, sich auf ihnen reiten zu lassen, und entreißt ihr die Krone [129] ; Es gibt dort niemanden, der ein besseres Herz hat als Medullina , eine Expertin darin, ihre Lenden und ihr Gesäß zu trainieren. dort hört jede Etikette auf, Mätressen und Diener konkurrieren gleichermaßen um die Palme der Obszönität; es gibt keine Täuschung, alles ist tribadische Realität [130] ; aber schließlich gewann die Natur wieder die Oberhand, der Tribadismus verschwand, und die Frau wurde wieder eine Frau, wobei sie den Tribadismus außer Acht ließ, als bloßes Phantom des Vergnügens, das sie nicht befriedigte; Von allen Seiten ertönt ein Ruf: „Jetzt ist die Zeit gekommen, dass die Männer hereinkommen: Geht und sucht junge Männer; Wenn Sie keine finden können, reichen Sklaven aus. Wenn sie fehlen, bring die ersten Männer, die du auf der Straße finden kannst." Und wenn alles scheitert, werden sie in ihrer schamlosen Wollust ihre Hinterbacken einem Esel anbieten [131] . Über den Ursprung der Tribaden [132] hat Phaidros eine Fabel, IV., 14:

> „Ein anderer fragte nach dem Grund, warum Tribads und Cinedes geschaffen wurden. Der alte Mann erklärte so: „Derselbe Prometheus, Modellierer des menschlichen Tons, der, wenn er gegen das Schicksal stößt , in Stücke zersplittert, einst, als er den ganzen Tag lang die Teile, die die Bescheidenheit unter einem Gewand verborgen hält, einzeln geformt hat, damit sie zu ihnen passen." Als er gerade zu den Körpern kam, die er geschaffen hatte, wurde er unerwartet von Bacchus zum Abendessen eingeladen. Dort trank er den Nektar in großen Zügen und kehrte spät nach Hause mit unsicherem Fuß zurück; Dann verband er mit Weindunst und Schläfrigkeit die weiblichen Teile mit den männlichen Körpern und befestigte die männlichen Teile an den Frauen. So kommt es, dass wir Lust empfinden, wenn wir uns verdorbenen Vergnügungen hingeben."

Das auf Frauen angewendete männliche Glied ist offensichtlich die Klitoris von solchen Ausmaßen in der Erektion, dass die Tribads sie wie einen Penis verwenden können; Der am Mann befestigte weibliche Apparat ist nichts anderes als die hintere Körperöffnung, die bei den Cinedes ebenso juckt, wie die Vulva die Frauen kitzelt. Zu Zeiten Tertullians fehlte es nicht an Tribaden ; er nennt sie Frictrices . *De Pallio* , Kap. 4:

„Schauen Sie sich diese Wölfinnen an, die ihr Brot durch die allgemeine Inkontinenz verdienen; Untereinander sind sie auch Friktoren .

Derselbe Autor sagt in *De Resurrectione Carnis* , Kap. 16: „Ich nenne einen Kelch nicht vergiftet, der den letzten Seufzer eines Sterbenden empfangen hat; Ich gebe diesen Namen jemandem, der durch den Atem einer Frictrix , eines Hohepriesters von Cybelé , eines Gladiators, eines Henkers infiziert wurde, und ich frage Sie, ob Sie ihn nicht ablehnen würden, so wie Sie es mit den tatsächlichen Küssen dieser Personen tun würden .“

Auch der Handel mit Tribaden war zur Zeit von Aloysia nicht veraltet Sigaea :

"Nein! Glaube nicht, dass ich“, sagt Tullia , Dialog II., „schlechter bin als andere.“ Dieser Geschmack ist fast über das ganze Universum verbreitet. Italiener, Spanier, Franzosen sind alle gleich, was den Tribadismus ihrer Frauen betrifft; Wenn sie sich nicht schämen würden, würden sie sich immer gegenseitig in den Armen liegen.“

Darüber hinaus zitiert sie selbst einige Beispiele für die heißen Entrückungen von Tribads , Dialog VII.:

„ Enemunda , die Schwester von Fernando Porcio , war sehr schön, und nicht weniger schön war eine Freundin von ihr, Francisca Bellina . Sie schliefen häufig zusammen in Fernandos Haus. Fernando legte Francisca geheime Fallstricke; Letzterer wusste, dass er sie haben wollte und war stolz darauf. Eines Morgens erhob sich der junge Mann, von seinen Wünschen gequält, mit der Sonne und trat auf den Balkon, um sein heißes Blut abzukühlen. Er hörte das Bett seiner Schwester im Nebenzimmer knacken und wackeln. Die Tür stand offen; Venus war freundlich zu ihm gewesen und hatte die Mädchen nachlässig gemacht. Er tritt ein; Sie sehen ihn nicht, geblendet und taub vor Vergnügen. Francisca ritt Enemunda , beide nackt, im vollen Galopp. „Die edelsten und mächtigsten Mentula kommen jeden Tag nach meiner Jungfernzeit“, sagte Francisca. „Ich würde die schönsten auswählen, mein Lieber, wenn du nicht gewesen wärest; Ich bin so gern darauf bedacht, deinen und meinen Geschmack zu befriedigen.‘ Während sie sprach, joggte sie kräftig. Fernando warf sich nackt ins Bett; Die beiden Mädchen waren fast zu Tode erschrocken und wagten es nicht, sich zu rühren. Er zieht die vom Ritt erschöpfte Francisca in seine Arme und küsst sie: „Wie kannst du es wagen, verlassenes Mädchen", sagt er, „meine Schwester zu verletzen, die so rein und keusch ist?" Du sollst mich dafür bezahlen; Ich werde den Schaden rächen, der unserem Haus zugefügt wurde; Antworte jetzt auf meine Flammen, wie sie auf deine geantwortet hat.' 'Mein Bruder! mein Bruder!' schreit Enemunda : „Verzeihen Sie zwei Liebende und verraten Sie uns nicht zur Verleumdung!" „Niemand soll etwas wissen", antwortete er, „lass Francisca mir ihren Schatz schenken, und ich werde euch beiden mein Schweigen schenken."

Das Gespräch von Ottavia mit Tullia , die als Tribad fungiert , im selben Werk (Dialog II) ist noch gewagter und auf den Punkt gebrachter:

TULLIA : Bitte, weicht nicht zurück; Öffne deine Schenkel.

OTTAVIA : Sehr gut! Nun bedeckst du mich ganz, deinen Mund gegen meinen, deine Brust gegen meinen, deinen Bauch gegen meinen; Ich werde dich umarmen, so wie du mich umarmst.

TULLIA : Hebe deine Beine, kreuze deine Schenkel über meinen, ich werde dir eine neue Venus zeigen; für dich ganz neu . Wie gut du gehorchst! Ich wünschte, ich könnte so gut befehlen wie du ausführen!

OTTAVIA : Ah! Ah! meine liebe Tullia , meine Königin! wie du drängst! wie du zappelst! Ich wünschte, diese Kerzen wären aus; Ich schäme mich, dass es Licht geben sollte, um zu sehen, wie unterwürfig ich bin.

TULLIA : Pass jetzt auf, was du tust! Wenn ich dich dränge, erhebst du dich, um mir entgegenzukommen; Bewegen Sie Ihr Gesäß kräftig, so wie ich meins bewege, und heben Sie es so hoch, wie Sie können! Ist Ihr Atem knapp?

OTTAVIA : Du verwirrst mich mit deinem heftigen Stoßen; du erstickst mich; Ich würde es für niemanden außer dir tun .

TULLIA : Drück mich fest, Ottavia , nimm ... da! Ich schmelze und brenne, ah! Ah! Ah!

OTTAVIA : Ihre Angelegenheit bringt meine in Brand – ziehen Sie sich zurück!

TULLIA : Endlich, mein Liebling, habe ich dir als Ehemann gedient; Du bist jetzt meine Frau!

OTTAVIA : Ich wünschte im Himmel, du wärst mein Ehemann! Was für eine liebevolle Frau sollte ich sein! Was für einen Ehemann sollte ich haben! Aber du hast meinen Garten überschwemmt; Ich bin völlig betaut! Was hast du gemacht, Tullia ?

TULLIA : Ich habe alles bis zum Ende getan, und aus den dunklen Tiefen meines Gefäßes hat die Liebe in blinden Entzückungen den Schnaps der Venus in deine Jungfernbarke geschossen .

Leo Africanus, in seiner *Beschreibung Afrikas* , S. 336 (Ausgabe Elzevir von 1632) erwähnt die Tribads von Fes:

> „Aber diejenigen, die mehr gesunden Menschenverstand haben, nennen diese Frauen (er spricht von Hexen) „ Sahacat ", ein Wort, das dem lateinischen „ *fricatrices" entspricht* , weil sie ihre Freude aneinander haben. Ich kann nicht deutlicher sprechen, ohne den Anstand zu verletzen. Wenn gut aussehende Frauen sie besuchen, verlieben sich diese Hexen sofort in sie, nicht weniger heiß als die Liebe junger Männer zu Mädchen, und sie bitten sie in der Gestalt des Teufels, sie dafür zu bezahlen, indem sie ihre Umarmungen ertragen. So kommt es, dass sie, wenn sie glauben, den Befehlen von Dämonen gehorcht zu haben, in Wirklichkeit nur mit Hexen zu tun haben. Auch viele, zufrieden mit dem Spiel, das sie gespielt haben, suchen aus eigenem Antrieb heraus, wieder Freude am Verkehr mit den Hexen zu haben, und rufen unter dem Vorwand , krank zu sein, eine von ihnen herbei oder schicken ihre unglücklichen Ehemänner, um sie abzuholen. Dann sehen die Hexen den Stand der Dinge und behaupten, dass die Frau von einem Dämon besessen sei und nur durch den Beitritt zu ihrer Vereinigung befreit werden könne.

Sie fragen sich, ob es heutzutage noch Tribadien gibt? Wenn es heute keine mehr gibt, so gab es in Paris sicherlich nur kurze Zeit vor der Großen Revolution welche, wenn wir dem Autor von *Gynaeology* , III., S. 428. In Paris gab es ein wahres Kollegium von Tribaden , die sich Vestalinnen nannten und an bestimmten Orten regelmäßig Treffen abhielten. Es gab sehr viele Mitglieder, und zwar aus den höchsten Ständen; sie hatten ihre Statuten hinsichtlich der Aufnahme; Die Mitglieder wurden in drei Grade eingeteilt: Aspiranten, Postulanten und Eingeweihte. Bevor die Postulantin in das Ordensgeheimnis eingeweiht werden konnte, musste sie sich drei Tage lang einer schwierigen Bewährungsprobe unterziehen: Eingesperrt in einer Zelle, die mit anzüglichen Bildern geschmückt und mit geschnitzten Priapi von prächtigen Ausmaßen geschmückt war, musste sie ein Feuer aufrechterhalten mit, ich weiß nicht, wie vielen Zutaten, und so angeordnet, dass es ausgeht, wenn von einem der Materialien zu viel oder zu wenig genommen wird; Auf den vier Altären des Tempels, der mit Statuen der Sappho, der Lesben, die sie geliebt hatte, und des Chevalier d'Eon , der so viele Jahre lang sein Geschlecht erfolgreich verbarg, geschmückt war, brannten mit prächtigen Wandbehängen ewige Feuer . Auch gehaltene englische Frauen schreckten nicht vor dem Tribadismus zurück, wie derselbe Autor feststellt, III., S. 394. Er bestätigt, dass nicht lange vor dem Ende des letzten Jahrhunderts in

London noch Konföderationen von Tribaden , sogenannte Alexandrinische Konföderationen, existierten, wenn auch nur in geringer Zahl.

Genug von denen, die streng genommen unter dem Namen Tribads zusammengefasst werden ; aber das Wort hat eine weitergehende Bedeutung. Der Begriff wird auch auf jene Frauen angewendet, die in Ermangelung einer echten Mentula ihren Finger oder ein ledernes Gerät benutzen, das sie in ihre Vulva einführen, und so ein fiktives Vergnügen erlangen. Ich habe kürzlich gehört, dass es in Deutschland immer wieder Beschwerden über diesen Missbrauch gibt. Was die lederne Maschine [133] betrifft, die von den Griechen Olisbos genannt wurde , so machten sie vor allem die Frauen von Milet zu ihrem Vergnügensinstrument. Aristophanes, in den *Lysistrata* , 108-110:

> „Denn seit dem Tag, an dem die Milesianer uns im Stich gelassen haben, habe ich keinen Olisbos gesehen, der zwanzig Zentimeter lang wäre und uns ledernen Beistand leisten könnte ...“

Suidas unter dem Wort „****“:

> „Ein männliches Mitglied aus Leder, das von Frauen aus Miles als tribadisch und unanständig getragen wurde. Es wurde auch von Witwen genutzt.“

Derselbe Autor unter dem Wort „****“:

> „ Zu diesem Thema sagt auch Cratinus : *Unzüchtige* Frauen werden die Olisbos benutzen .“

Hesychius zitiert dieselbe Passage.

Wenn Sie sich fragen, ob moderne Frauen, denen das Unrecht widerfahren ist, ihre Schönheit herabwürdigen zu sehen, tatsächlich auf diesen ledernen Ersatz zurückgreifen: Aloysia Sigaea (Dialog II) wird Ihnen antworten:

> „Die Frauen aus Miles machten sich Imitationen aus Leder, zwanzig Zentimeter lang und im Verhältnis dick. Aristophanes erzählt uns, dass die Frauen seiner Zeit davon Gebrauch machten. Und bis heute ehren italienische, spanische und asiatische Frauen dieses Instrument mit einem Platz in ihrem Toilettenapparat; Es ist ihr wertvollster und sehr geschätzter Besitz.“

Es ist eine unbestrittene Tatsache, dass die römischen Matronen eine harmlose Schlangenart hegten [134] , deren kalte Haut im Sommer als Kühlschrank diente, Martial, VII., 86:

> „Wenn Glacilla eine eisige Schlange um ihren Hals windet ...“

Lucian *Alexander* (Werke, Bd. IV., S. 259):

„In diesem Land sieht man Schlangen von enormer Größe, aber
so ruhig und sanft, dass sie von Frauen gestreichelt werden, mit den
Kindern schlafen, sich nicht darüber ärgern, wenn man ihnen mit
Füßen tritt oder sie anfasst, und wie ein Säugling an den Brustwarzen
saugen .“

Vor diesem Hintergrund hatte unser bedeutender Bottiger wahrscheinlich
recht, als er auf Seite 454 seiner *Sabina* [135], einem zutiefst wissenschaftlichen
Werk auf Deutsch, schrieb, dass Schlangen höchstwahrscheinlich als
Instrumente verwendet wurden, um die Lust verliebter Frauen zu
befriedigen. Vielleicht verstehen Sie jetzt, was mit Atia , der Mutter des
Augustus, passiert ist oder geschehen sein könnte, über die Suetonius (
Augustus , Kap. 94) schrieb:

„Ich habe in der Abhandlung des Asklepiades von Mendé , die
Theologumena genannt wird, gelesen , wie Atia , die Mutter des Augustus,
um Mitternacht zum Tempel des Apollo ging, um einem feierlichen
Opfer beizuwohnen, und wie die anderen anwesenden Frauen
einschliefen; wie eine Schlange plötzlich nahe an sie heranglitt und
sich nach einiger Zeit wieder zurückzog, und wie sie sich beim
Erwachen reinigte, als hätte sie die Arme ihres Mannes verlassen.“

Es wäre nicht verwunderlich, dass eine Schlange dieser Art auch ohne
Anstiftung von Atias Seite einen bestimmten Ort erforscht hätte, der ihr
durch die Geschicklichkeit anderer Frauen wohlbekannt war, und dass Atia
beim Erwachen genau das gleiche Gefühl empfand als ob sie einen echten
Koitus gehabt hätte.

116 . Sie wurden auch Hetairistriae genannt : – Hesychius: „ Hetairistriae tribads " – und ebenso dietairistriae , so derselbe Autor: „ Dietairistriae , Frauen, die Prostituierte (hetairae) zum fleischlichen Verkehr verfolgen , genau wie Männer es tun; das Gleiche wie Tribads ."

117 . Aloysia Sigaea , Dialog III.: „Aber ich habe vergessen (Tullia spricht), dir von der Klitoris zu erzählen. Dabei handelt es sich um einen häutigen Körper, der sich am unteren Ende des Schambeins befindet und in reduzierter Form den männlichen Rand darstellt. Wie bei der Pflanze regt das Liebesbedürfnis sie zur Erektion an, und bei manchen Frauen mit feurigem Temperament entfacht sie eine solche Lust, dass sie ihre Flüssigkeit oft schon beim bloßen Streicheln mit der Hand nach außen abgeben überhaupt die Hilfe eines Reiters."

118 . Wenn die Frau, die Plater laut Venette in seinem *Tableau de l'amour conjugal* , Bd. I., Kap. 1, 3, war kein Tribad , sie hätte durchaus einer sein können; Ihre Klitoris, die bei anderen Frauen in ihrer höchsten Erektion etwa die Länge der Hälfte des kleinen Fingers erreicht, war so lang wie der Hals einer Gans. Ist es überraschend, dass Frauen, die mit einem solchen Gerät ausgestattet sind, es loswerden möchten? Eine Amputation ist jedoch gefährlich. Plater wagte es nicht, eine Amputation, die er begonnen hatte, zu Ende zu bringen, und Rodohamides , ein ägyptischer Arzt des 11. Jahrhunderts, hatte nicht den Mut, überhaupt eine solche durchzuführen, obwohl er von einer Königin befohlen wurde, die Operation durchzuführen (Venette , IV., 2). Waren diejenigen, denen Adramytes , der König der Lyder, befahl, Frauen zu kastrieren, mutiger? Athenæus , XII., 2: „Xanthus berichtet im zweiten Buch seiner Lydiaken , dass Adramytes , der König der Lydier, der erste war, der Frauen kastrieren ließ und sie als Eunuchen einsetzte." Wie dem auch sei, diese weiblichen Eunuchen haben die Kommentatoren sehr beansprucht. Die einen meinen, dass Riemen und Schnallen in ihrem Fall den gleichen Dienst leisteten wie die Keuschheitsgürtel, zu deren Tragen Spanier und Italiener angeblich bis heute ihre Frauen zwingen, wenn sie glauben, Grund zur Eifersucht zu haben, andere glauben das war eine Frage der Naht, wie es bei den Eingeborenen Angolas und des Kongos der Fall ist, die die Vulva junger Mädchen nähen, um ihre Jungfernköpfe zu schützen; aber ich glaube, dass diesbezüglich niemand etwas Sicheres weiß. Es scheint auch nicht,

dass diese Frauen sich einer Operation unterziehen mussten, die sicherlich von den Arabern, Kopten und Äthiopiern in einigen Teilen Persiens und Nigritiens an jungen Mädchen praktiziert wird und die darin besteht, die Vorhaut der Klitoris abzuschneiden ; Dies wird durch zahlreiche Beweise bewiesen und in der Enzyklopädie von Ersch und Gruber unter dem Wort „ Beschneidung “ berichtet; Wie könnte Athenäus in der Tat als *„Eunuchisieren“* bezeichnen, was dazu bestimmt ist, die Fruchtbarkeit der Frauen zu steigern? Zuerst dachte ich, diese Frauen seien Tribaden , die durch die Entfernung ihrer übermäßig großen Klitoris in Eunuchen verwandelt wurden; Ich neige jetzt dazu zu glauben, dass der König veranlasst hat, dass diesen Frauen so etwas angetan wurde, was laut Aristoteles, *Nat. Hist.* IX., 50, wurde den Sauen angetan: „Sauen werden kastriert, damit sie keinen Lust mehr auf den Koitus haben und schnell gemästet werden.“ Sie werden kastriert, an den Hinterbeinen aufgehängt, nach zweitägigem Fasten durch einen Einschnitt an der Stelle, wo sich beim Mann die Hoden befinden, nämlich in der weiblichen Matrix.“ Plinius, *Nat. Hist.* , VIII., 51: „Sauen werden auf die gleiche Weise kastriert wie weibliche Kamele, nach einem Fasten von zwei Tagen, an ihren Hinterbeinen aufgehängt, durch einen Einschnitt in die Vulva; Sie mästen dadurch viel schneller.“ Columella, VII., IX. 5: „Sauen werden auch durch einen Schnitt in der Vulva kastriert; Die Wunden bekommen Narben und sie können nicht mehr schwanger werden .“ Diese Praxis ist keineswegs verschwunden; Schneider bemerkt es in der Passage von Columella; Sauen, Kühe, Stuten und Schafe werden immer noch durch Herausschneiden ihrer Eierstöcke kastriert. Warum sollten wir nicht glauben, dass Adramytes wollte, dass das gleiche Verfahren auf das schöne Geschlecht angewendet wird, um Frauen unfruchtbar zu machen? Allerdings scheinen mir die alten Ägypter, die (siehe Strabo, Buch XVII., S. 824) zweifellos sich selbst und auch ihre Frauen beschnitten haben, weniger eine Ovariotomie als vielmehr die Beschneidung der Vorhaut der Klitoris im Sinn gehabt zu haben die Praxis wird immer noch mit ihnen verwendet, wie oben angegeben; Da das Schneiden der weiblichen Teile somit so etwas wie eine Beschneidung ist, ist davon auszugehen, dass eher ein ähnlicher als ein anderer Eingriff beabsichtigt war.

119 . Lassen Sie uns noch einmal Aloysia konsultieren Sigæa , Dialog III.: „Es ist mir (Tullia) manchmal passiert, wenn Callias seine Gleitfähigkeiten an mir ausprobiert, wenn er mich kitzelt und erregt. Dann tränkte ich seine allzu freizügigen Hände manchmal mit reichlich Tau aus meinem Lustgarten. Und das gibt ihm die Gelegenheit, eine ganze Reihe von Sarkasmen und Witzen loszulassen. Aber was kann ich tun? Ich fange an zu lachen, und er

auch; Ich sage ihm, er sei zu unverschämt, er sagt mir, ich sei zu unanständig; wir beschimpfen uns rechts und links, und inmitten unserer gegenseitigen Beschuldigungen wird er sich auf mich stürzen, mich auf den Rücken drehen und mich zwingen, mich seinem Angriff zu unterwerfen, indem er sagt, er werde mir seine Tautropfen für die geben, die er hat von mir gezogen, damit ich kein Verlierer bin." Weiter unten, Dial., IV.: „ Calias drückte mich enger an sich und vergrub seine Waffe tiefer in meinem Bauch, fast so, als ob er versuchte, ganz hineinzukommen." Bald spritzte ein köstlicher Strahl in mich hinein, und gleichzeitig fühlte ich, wie meine Flüssigkeit überkochte, was mich so entzückte, dass ich alle Zurückhaltung vergaß und Callias immer mehr erregte, ihn an mich drückte und ihn anflehte, seinen Schritt zu beschleunigen. So liefen wir beide gleichzeitig aus, während sich unsere Muskeln im selben Moment entspannten." Daran werden Sie die Bedeutung des Epigramms an Sosipator in den *Analecta* von Brunck , I., S. verstehen. 504:

> „Bis die weiße Flüssigkeit sie beide überströmte und Doras
> ihre müden Glieder abwickelte."

Reiske glaubte, dass die „weiße Flüssigkeit" in dieser Passage Schweißtropfen bedeutete. Unsinn! es bedeutet das Virus, das von beiden Geschlechtern abgesondert und in den letzten Krämpfen der Lust freigesetzt wird. Aloysia Sigæa , Dialog IV.: „Als ich zu Ende gesprochen hatte" (es ist immer noch Tullia , die spricht), „stürmte er sich auf mich und sammelte all seine Kraft, um den Pfeil in mich hineinzustoßen, er füllte meinen Schoß mit seinem befruchtenden Tau, und ich." Vergießen Sie auch den Bach weißer Flüssigkeit. Unfähig, ein so intensives Gefühl der Wollust noch länger auszuhalten, sanken wir erschöpft in die Arme des anderen zurück." Darüber hinaus haben wir bei verschiedenen Gelegenheiten Auszüge aus den reichen Schätzen von Aloysia zitiert Sigæa , zu diesem Thema.

120 . Frauen, deren Klitoris zu stark hervorsteht, werden dadurch vom Geschlechtsverkehr mit Männern ausgeschlossen, so dass sie, wenn sie von amourösen Absichten erfasst werden , kaum einen anderen Weg zur Befriedigung ihrer Wünsche finden können, als durch Tribadismus. (Venette IV., ii, 4.)

121 . Pyrrha und Methymna sind Städte auf Lesbos. Pomponius Mela, II., 7: „In der Troas liegt Lesbos, und auf Lesbos gab es früher fünf Städte, nämlich: Antissa , Pyrrha, Eresos , Methymna , Mytilene."

122 . Nicht unschuldig, oder vielmehr „nicht ohne Verbrechen"; Einige lesen „die ich nicht ohne Verbrechen geliebt habe", andere „die ich hier ohne Verbrechen geliebt habe", aber der Unterschied ist

nicht groß. Wenn Sie „was ich hier geliebt habe" bevorzugen, ist die Ausrede selbst ein Geständnis. Alles, was wir wollen, ist das Eingeständnis, dass der Tribad -Geschmack von Sappho keine moderne Erfindung ist, sondern, wie wir nicht wissen, in sehr frühen Zeiten entstanden und vorherrschte. Die Liebe der Frau zur Frau war nie unter einem anderen Namen bekannt als dem berüchtigten Tribadismus.

123 . Sehen Sie, ob das folgende Epigramm, nein, einen guten Grund hat oder nicht. 69, nennt Philaenis das Tribad der Tribads .

124 . Um sich ganz sicher zu machen, was der Autor mit androgyner Liebe meint, schauen Sie sich die Passage als Ganzes an: „Komm, du Mann des neuen Zeitalters, du Gesetzgeber unbekannter Lieben, wenn du der Gleitfähigkeit der Männer neue Wege erschließt, Sie können den Frauen die gleiche Lizenz gewähren. Lasst sie wie die Männer zusammenleben; Möge die Frau bei der Frau liegen und mit ihren lüsternen Organen Konjunktionen simulieren, so unfruchtbar sie auch sein mögen, so wie der Mann mit dem Mann liegt! Möge das Wort, das man so selten hört und dessen Aussprache ich mich schäme, die Geschmeidigkeit unserer Tribads triumphieren, ohne zu erröten." Beachten Sie zunächst, dass von Tribadien selten gesprochen wurde und dass sie sich im Dunkeln hielten; Zweitens, wie die übermäßige Klitoris des Tribades lüsterne Organe simulieren soll. Seneca, *Kontroversie Secunda* nennt in ähnlichem Sinne eine solche Monstrosität *****, einen *künstlichen Menschen* ; schließlich wird der Klitoris der Beiname „steril" zugeschrieben, der auf die trockene Unproduktivität des tribadischen Koitus hinweist.

125 . Anstatt „ Jungen zu pädizieren ", hätte Martial, wenn das Messgerät es zugelassen hätte, vielleicht gesagt: „Jungen einführen". Senecas Ausdruck (Buchstabe XCV): „ *viros „ineunt* ", das dem großen Justus Lipsius große Sorgen bereitete, bedeutet nichts anderes: „Die Frauen werden mit den Männern um die Krone der Gleitfähigkeit streiten." Mögen die Götter sie verwirren! Eine ihrer raffinierten Schmierfähigkeiten kehrt die Naturgesetze um: Sie haben eine Verbindung zu Menschen!" Da haben Sie in einfachen Worten die Verdorbenheit, die Justus Lipsius der höllischen Regionen für würdig hielt: Tribaden pedizieren .

126 . Wenn Frauen in Brunft sind, geben sie ihr Wasser, die Natur will es so, Juvenal, VI., 63-65: „Lass den unzüchtigen Bathyllus die Pantomime von Leda tanzen" (dargestellt, dass Leda Jupiter in einem Tanz mit mutwilligen Gesten empfängt:

„ Tuscia kann ihre Blase nicht beherrschen, Appula seufzt wie in verliebter Trance ...")

Dasselbe XI., 166-168:

„Das andere Geschlecht empfindet jedoch mehr Lust, ist viel schneller gefeuert und lässt erregt durch Augen und Ohren das Wasser ab."

(Was Juvenal hier über diesen größeren Genuss des anderen Geschlechts sagt, hängt mit seiner allgemeinen Meinung zusammen, dass Frauen mehr Freude an der Liebe haben als Männer. So seine Worte in VI., 254: „Denn wie unbedeutend ist unser Vergnügen !" Tiresias, der in Lucian (*Amores*, *S. 85)* mit der Schlichtung in diesem Punkt beauftragt wurde , erklärte, dass die Freude der Frauen doppelt so hoch sei wie die der Männer: „Es sei denn, wir stimmen tatsächlich mit Tiresias' Schiedsspruch überein, dass die Freude der Frau doppelt so groß ist." Des Mannes").

Martial, XI., 17:

„Wie oft wird dein starrer Nerv deine Tunika hochheben, obwohl du so streng bist wie Curius oder Fabricius ! Auch du musst unsere Seiten lesen, und sei sie noch so lasziv, junges Mädchen, obwohl du aus Padua kommst."

127 . Es gibt einige Unklarheiten über die „langen Siphons". Es handelt sich dabei um Rinnsale von Urin, die in der Nähe der Statue fließen, oder vielleicht bedeutet Juvenal, um den Ausdruck von Grangé zu verwenden : „Urin spritzte direkt in das Gesicht der Göttin, was durch freche Frauen geschehen kann, die ihre Teile mit den Händen zusammendrücken und so festhalten." seit einiger Zeit das Wasser; so gesammelt wird es mit größerer Kraft herausspritzen."

128 . Vers 335-339.

„Aber alle Mauren und Indianer kennen das Flötenmädchen, das einen größeren Penis zeigte als die beiden Anti- Catos des großen Cäsar , an der Stelle, von der aus eine Ratte fliegen würde, wohlwissend, Hoden zu besitzen ..."

129 . Die „flinken Hüften" sind die des Tribades , der in der Haltung des Fotis des Apuleius , *Metamorph* , auf einem anderen reitet . II., S. 122, als sie Lucius mit den Freuden einer übermächtigen Venus befriedigte.

130 . All dies wurde tatsächlich im Jahr 1791 in Paris auf der Bühne eines Theaters dargestellt, wo nach Angaben des Autors der *Gynäologie*

III., 423, ein völlig nackter Mann Umgang mit einer ebenso nackten Frau wie er hatte, die beide Wilde darstellten, begleitet durch den Beifall beider Geschlechter. Es gibt jedoch nichts Neues unter der Sonne. Bei den Römern war es seit langem Brauch, nach Beendigung der öffentlichen Spiele Prostituierte in die Arena zu bringen und sie arbeiten zu lassen, damit die Zuschauer Gelegenheit hatten, das vorzuführen, was sie mit gierigen Augen angeschaut hatten; ein Herold verkündete, was kommen würde. Tertullian, *De Spectaculis*, Kap. 17: „Prostituierte, Opfer öffentlicher Inkontinenz, werden auf die Bühne gebracht und schämen sich nur gegenüber den Frauen; den Männern waren sie bekannt; sie sind dem Gelächter aller ausgesetzt, ob hoch oder niedrig; ihre Wohnungen, ihre Preise, sogar ihre Empfehlungen wurden vom Ausrufer verkündet.“ Isidorus, *Origines*, XVIII., 42: „Das Theater ist wie ein Bordell; Wenn die Spiele vorbei sind, werden dort öffentliche Frauen prostituiert.“ Die in Livius (II., 18) beschriebene Vergewaltigung der Sabiner scheint eine nicht unähnliche Form des Vergnügens gewesen zu sein: „In diesem Jahr entführten junge Sabiner in Rom mitten in den Spielen einige Prostituierte, was zu Aufruhr führte Daraufhin kam es zu einem Aufruhr, ja fast zu einer Schlacht.“

131. Beachten Sie die Subtilität des Ausdrucks des Dichters: „Sie bietet einem Esel ihr Gesäß an, um darauf zu steigen.“ Juvenal weiß, dass eine Frau keine Chance hat, die Mentula eines Esels in sich zu haben, außer indem sie dem Biest den Rücken kehrt.

132. Platon, *Symposium* (Werke, Zweibrücker Ausgabe, Bd. X., S. 205) stellt sich einen anderen Ursprung vor; In der Passage, in der er die berühmte Fabel erzählt, nach der Jupiter die Männer in zwei Hälften geteilt hatte, sagt er: „Was die Frauen betrifft, die Hälften von Frauen sind, werden sie nicht sehr von Begierden nach Männern geplagt; aber sie neigen viel mehr dazu, sich mit Frauen zu vergnügen; die Hetairistriae stammen von ihrer Kategorie ab.“

133. Eine weitere Verwendung dieser Ledermotoren wurde in Kap. II.

134. Diese Schlangenart diente auch der Unterhaltung der Männer. Suetonius, *Tiberius*, Kap. 72: „Er hielt sich eine Schlange zum Vergnügen; Eines Tages, als er wie üblich zum Füttern ging, stellte er fest, dass es vollständig von Ameisen gefressen worden war, was er als Warnung auffasste, sich vor einem Angriff durch eine Menge zu schützen.“ Plinius, *Nat. Hist.* XXIX., Kap. 4: „Die Äskulapschlange wurde von Epidaurus nach Rom gebracht; es wurde in öffentlichen Gebäuden und auch in Privathäusern aufbewahrt.“ Seneca, im *De Ira*

, II., Kap. 31, spricht von: „Diesen Schlangen, die harmlos zwischen den Tassen und in die Brüste der Gäste gleiten." Sie waren nicht klein; Dies geht aus dem hervor, was Philostratus in seinen *Heroics*, VIII., 1 sagt: „Ajax hatte eine zahme Schlange von fünf Ellen Länge, die sich dicht an ihn hielt, ihn auf seinem Weg führte und ihm wie ein Hund folgte." Diese Schlangenart war in Pella in Mazedonien sehr verbreitet, wie Lucian in einer im Text zitierten Passage sagt: „Es gibt viele solcher Schlangen in ihrem Land." Laut Justus Lipsius in seinen Notizen an Seneca sind sie noch immer in Italien zu finden.

135. „Sabina, oder die Morgentoilette einer römischen Dame am Ende des ersten Jahrhunderts", übersetzt ins Französische von Clapier, 1813, 8vo.

Kapitel VII

DES VERKEHRS MIT TIEREN

Es ist nicht unangebracht, hier etwas über die Inkontinenz derjenigen zu sagen, die fleischlichen Verkehr mit Tieren hatten. Es scheint, dass in Ägypten die Mendesianer , die einem Ziegenbock göttliche Ehre erwiesen [136] , ihm bei der Feier seiner Riten öffentlich Frauen prostituierten, sogar gegen seine Neigung. Herotodus II., 46:

> „Zu meiner Zeit war mit diesem Bezirk (nämlich dem Mendesian) eine ungeheure Angelegenheit verbunden; Ein Ziegenbock hat eine Frau in der Öffentlichkeit gedeckt.“

Strabon, XVII., S. 802:

> „Mendes, wo sie Pan und einen lebenden Ziegenbock verehren; Letztere haben dort Geschlechtsverkehr mit Frauen [137] .“

Auch die Juden wussten etwas von dieser Praxis; wie wir aus dem Gesetz des Mose, Leviticus xx., 15-16, wissen:

> „Und wenn jemand bei einem Tier liegt , so soll er gewiss getötet werden; und ihr sollt das Tier töten.“ Und wenn sich eine Frau einem Tier nähert und sich darauf legt, sollst du die Frau und das Tier töten; sie sollen mit Sicherheit getötet werden“ ...

Wie hätte Juvenal uns sagen sollen, Satire VI., 332-33:

> „... es gibt keine Verzögerung mehr; Sie beeilt sich, einen Esel von hinten reiten zu lassen“, wenn es nicht bekannt gewesen wäre, dass sich Frauen manchmal den Eseln unterwarfen? Wäre Apuleius auf die Idee gekommen, uns die Szene, in der Lucius, durch einen Fehler von Fotis in einen Esel verwandelt , mit einer Matrone Sex zu haben, mit nicht weniger Genauigkeit als mit Witz zu beschreiben? *Metamorphosen* , Buch X., S. 249:

> „Aber ich war Opfer großer Befürchtungen; Ich fragte mich, wie ich mit meinen langen und groben Beinen eine zarte Frau besteigen und mit meinen harten Hufen ihre weichen und zarten Glieder umfassen könnte, die wie Milch und Honig aussahen; Wie könnte ich mit meinem riesigen Mund, ausgestattet mit Zähnen so groß wie Grabsteine, diese kleinen, rosigen, duftenden Lippen küssen? Wie endlich konnte diese Dame, obwohl sie bis in die Fingernägel wühlte, einen so großen Genitalbereich ertragen ... Sie verdoppelte jedoch ihre zärtlichen Verlockungen, ihre endlosen Küsse, ihr süßes

Gemurmel, unterbrochen von süßen Blicken wie Stiche: „Ich halte dich endlich", rief sie, „ich halte meine Taube, meinen Spatz!" Und nachdem sie dies gesagt hatte, zeigte sie mir, wie vergeblich meine Befürchtungen gewesen waren, mich so fest zu umarmen, wie sie konnte, sie nahm mich von innen nach außen und von außen auf. Noch mehr als das: Wann immer ich mich zurückzog, um sie zu schonen, drängte sie sich näher an mich heran, umklammerte wie verrückt mein Rückgrat und klammerte sich so fest an mich, dass ich, beim Herkules, zu glauben begann, ich sei nicht gut genug ausgestattet um ihre Leidenschaft vollständig zu stillen."

Ein junges Mädchen aus der Toskana ließ sich zur Zeit des römischen Papstes Pius V. von einem Hund bedecken, wie Venette II., IV., Kap. berichtet. 3; und laut einer Notiz von Elmenhorst zu der oben zitierten Passage von Apuleius wurde im Oktober 1601 in Paris eine Frau entdeckt, die Verbindung zu einem Hund hatte. Es wurde Berufung eingelegt, und im Einklang mit dem einstimmigen Urteil des Parlaments wurden die ehebrecherische Frau und der Hund bei lebendigem Leibe verbrannt. Nein! Darüber hinaus ist bekannt, dass sich eine Frau einem Krokodil unterwirft, wenn wir Plutarch glauben dürfen, der in seiner Abhandlung *Über die Klugheit der Tiere* (S. 976, Bd. II, des Gesamtwerks) berichtet:

> „Vor Kurzem erzählte mir unser ausgezeichneter Philinus , als er von einer langen Reise nach Ägypten zurückkehrte, dass er in Antaeopolis eine alte Frau schlafen sah, auf deren Pritsche ein Krokodil bequem lag."

Auch haben die Menschen die Vulva von Tieren nicht verachtet. Tafel III der *Monuments du Culte Secret des Dames Romaines* zeigt das Bild eines Mannes, der in einer Ziege arbeitet, obwohl der Kommentator zur Illustration keine Passage von Vergil (*Bucolics* III., 8.) hätte zitieren dürfen, die hat damit überhaupt nichts zu tun:

> „Wir wissen, wer dich gepediziert hat , während die Ziegenböcke dich schief angesehen haben."

In unseren Ländern zeigen Rechtsfälle, dass nicht nur Ziegen, sondern auch Schafe, Kühe und Stuten manchmal Hirten und andere Menschen geringer Abstammung bezaubert haben.

136 . Plutarch, *Von Tieren, die Vernunft haben* , S. 989, Bd. II. seiner Werke: „Es wird berichtet, dass in Ägypten der Ziegenbock Mendes, der mit einer großen Anzahl von Frauen, die alle schön waren, eingesperrt war, sich weigerte, etwas mit ihnen zu tun zu haben, und Ziegen bei weitem bevorzugt."

137 . Wenn wir Venette (II., iv. 3) glauben dürfen , gibt es in Ägypten heutzutage nichts Gewöhnlicheres, als dass junge Frauen Geschlechtsverkehr mit Ziegenböcken haben.

KAPITEL VIII

DER SPINTRISCHEN HALTUNGEN

Bei den verschiedenen Arten sinnlichen Vergnügens, die wir bisher untersucht haben, sind fast immer nur zwei Personen am Werk. Es kommt jedoch vor, dass mehr als zwei, drei oder sogar mehr zusammen Spaß haben; so nennen wir nach Tiberius die spintrianische Art. Suetonius, *Tiberius* , Kap. 43:

> „Auf seinem Rückzugsort auf Capri hatte er eine *Sellaria* , den Schauplatz seiner heimlichen Ausschweifungen, in der sich ausgewählte Gruppen junger Mädchen und erschöpfter Wollust, die Erfinder monströser Konjunktionen, von ihm *Spintries genannt* , eine Dreierkette bildeten, sich hingaben gegenseitige Befleckungen in seiner Gegenwart, um durch dieses Schauspiel seine schmachtenden Wünsche wiederzubeleben.“

Nach der Etymologie des Wortes handelte es sich bei dieser *Sellaria offenbar um einen mit Sitzgelegenheiten ausgestatteten Raum;* Diejenigen, die sich auf diesen Sitzen gegenseitig prostituierten, wurden „ *sellarii* “ genannt, nach dem Ort, und „ *spintriae* “, nach der Kette, die sie bildeten. Spinter , nach Festus, S. 443 bedeutet „eine Art Armband, das Frauen am oberen Teil des linken Arms tragen.“ Das Wort ist wahrscheinlich eine Verfälschung von *sphincter* , dem griechischen **** von ****, „ich umklammere“, wie zum Beispiel ein Band, das den Arm umgibt. Tacitus, *Annalen* , VI., Kap. 1:

> „Dann gab es erfundene Namen, die noch nie zuvor bekannt waren, wie zum Beispiel *Sellarii* und *Spintriae* , Namen, die der Verkommenheit des Ortes oder den komplizierten Schändlichkeiten entlehnt waren.“

Spintries sind also diejenigen, die, wie die Ringe eines Armbandes verbunden, auf diese Weise die Freuden der Venus vollbringen. Drei können sich so verbinden, zwei und zwei, so dass, während der mittlere ein Unzüchtiger oder ein Pedikon ist , vorne eine Frau oder ein Cinede und dahinter ein Pedikon steht . Dies war die Kette, die Ausonius (*Epigramm* CXXIX) beschreibt [138] :

> „Drei in einem Bett; zwei unterwerfen sich der berüchtigten Tat, zwei führen sie aus. – Vier sind es wohl. – Falsch! den Äußersten gib jeder eine Schurkerei; Zähle den Mann in der Mitte zweimal, denn er handelt und unterwirft sich zugleich.“

Möchten Sie sehen, wie die Person in der Mitte eine Frau bearbeitet? Teller XL. der *Monuments de la Vie Privée des douze Césars* zeigt Ihnen ein

Beispiel. Möchten Sie den Mittleren beim Pedizieren sehen ? Schauen Sie sich
Tafel XXVII an.

Es besteht jedoch keine Notwendigkeit, dass der mittlere Akteur Unzucht
oder Pedikation betreibt . Er kann so zwischen seine beiden Gefährten
gestellt werden, dass er, während er hinten den Angriff eines Päderasten
erduldet, vorne herumspritzen, ein Glied lutschen oder eine Vulva lecken
kann. Hostius , dessen Geist bei der Erfindung von Obszönitäten so
fruchtbar war, dass er als Vorbild für zukünftige Zeitalter galt, hat alle diese
Haltungen ausprobiert und sogar neue Variationen hinzugefügt. Seneca (
Nat. Quaest. , I., 16) hat vehementer gegen ihn gewettert, als es sich vielleicht
für einen Philosophen gehört. Es scheint mir, als ob hier eine geheime
Wollust auf den Sinn dieses starren Tugendhüters eingewirkt hätte; er sagt:

> „Ich werde Ihnen hier eine Geschichte erzählen, die Ihnen zeigen
> wird, dass die Lust keine Künstlichkeit verschmäht, die darauf
> ausgelegt ist, Begierden zu wecken und ihre eigene Wut anzuregen.
> Die Laszivität des Hostius war von äußerster Art. Es war dieser reiche
> Geizhals, dieser Sklave von hundert Millionen Sesterzen, dessen Tod,
> als er von seinen Sklaven ermordet worden war, Augustus nicht
> rächen wollte, obwohl er nicht sagen würde, dass es richtig gewesen
> sei, ihn zu töten. Seine Unanständigkeit begnügte sich nicht mit einem
> Geschlecht; Er hatte eine ebenso große Leidenschaft für Männer wie
> für Frauen. Er ließ Spiegel anfertigen, die die Reflexionen so stark
> vergrößerten, dass ein Finger so groß wie ein Arm wirkte. Diese
> Spiegel waren so angebracht, dass er, wenn er einen Mann unter sich
> hatte , jede Bewegung seines Komplizen beobachten und sich
> sozusagen an der fiktiven Größe seines Gliedes erfreuen konnte. Mit
> dem Maßband in der Hand wählte er seine Männer sorgfältig aus und
> musste dennoch seine unersättliche Leidenschaft täuschen. Es wäre
> zu ungeheuerlich, alles zu berichten, was dieses Monster, das hätte in
> Stücke gerissen werden sollen, mit seinem Mund zu sagen und zu tun
> wagte; Als er von allen Seiten von seinen Spiegeln umgeben war, war
> er der Zuschauer seiner eigenen Verdorbenheiten und dieser
> geheimen Schändlichkeiten, die jeder Mann leugnen würde, wenn
> man sie ihm vorwerfen würde, und derer er sich nicht nur mit seinem
> Mund, sondern auch mit seinen Augen satt nahm. Und, bei Herkules,
> im Allgemeinen scheuen Verbrechen ihr eigenes Spiegelbild;
> Menschen, denen jedes Ehrgefühl fehlt und die jeder Beleidigung
> ausgesetzt sind, haben dennoch ein gewisses Schamgefühl und
> erscheinen nicht so, wie sie sind. Aber er weidete seine Augen an
> unerhörten und unbekannten Schändlichkeiten, und da er sich nicht
> damit zufrieden gab, einfach zu sehen, wie er sich selbst entehrte,
> umgab er sich mit Spiegeln, um seine Schmierereien zu vervielfachen

und zu gruppieren. Da er ohne Hilfe nicht alles klar sehen konnte, wenn er, von einem Mann gefesselt , seinen Kopf zwischen den Schenkeln eines anderen hatte, sah er durch seine Spiegel, was er tat und wie. Er sah die unzüchtige Arbeit seines Mundes und beobachtete, wie er Männer aus allen Körperöffnungen aufsaugte. Manchmal platzierte er sich zwischen einem Mann und einer Frau und spielte in beide Richtungen die passive Rolle, so dass er die größten Abscheulichkeiten sehen konnte. Dunkelheit war nichts für ihn! Er hatte keine Angst vor dem Tageslicht, sondern wollte es für seine monströsen Kopulationen und war stolz darauf, dass es sie erleuchtete. Mehr noch, er wollte sogar in dieser Haltung gemalt werden. Sogar Prostituierte haben eine gewisse Zurückhaltung, und diejenigen, die sich den Gräueltaten aller hingeben, verschleiern bis zu einem gewissen Grad ihre dürftigen Gefälligkeiten , und selbst im Bordell befinden sich einige Relikte des Anstands; aber dieses Monster verwandelte seine Obszönitäten in ein Spektakel für sich.

„Ja", sagte er, „ich unterwerfe mich gleichzeitig einem Mann und einer Frau; aber trotzdem kann ich mit den Organen, die mir frei bleiben, noch eine schlimmere Schande begehen. Alle meine Glieder sind verunreinigt; Dann werden auch meine Augen an meinen Freuden teilhaben, sie werden Zeugen und Richter sein. Was ich auf natürliche Weise nicht sehen kann, lass mich mit Hilfe der Kunst sehen, damit ich nicht unwissend darüber bin, was ich tue. Es spielt für mich keine Rolle, dass die Natur den Menschen mit solch unbedeutenden Organen der Wollust ausgestattet hat, dieselbe Natur, die auch die Tiere so gut ausgestattet hat; Ich finde Mittel, meine Leidenschaft zu täuschen und mich selbst zu befriedigen. Wo liegt der Schaden, wenn ich versuche, die Natur nachzuahmen? Ich werde Spiegel haben, die Bilder von unglaublichen Dimensionen reflektieren. Wenn ich könnte, würde ich diese Bilder real machen; Da ich es nicht kann, muss ich mich mit Phantomen zufrieden geben. Lassen Sie mich diese obszönen Objekte größer sehen, als sie in Wirklichkeit sind, und mich selbst von ihrem Anblick überraschen!"

Tafel XXI. der *Monuments de la Vie Privée des douze Césars* zeigt das Bild des Tiberius in einer sehr seltsamen Spintrian- Haltung, die allerdings nicht ohne Reiz ist; Der halb auf dem Rücken liegende Kaiser leckt die Geschlechtsteile eines Mädchens, das über ihm kniet, während er einem anderen seinen Penis zum Saugen anbietet.

Es gibt auch Vereinbarungen, bei denen sich mehr als drei Personen anschließen können, wodurch die Kette länger wird. Lassen Sie einen Mann sein Glied in eine Frau stecken, während beide gleichzeitig gepediziert werden, und Sie haben vier Personen, die eine Dreierkette bilden, wie die von

Tiberius in der oben zitierten Passage von Sueton. Angenommen, an jedem Ende befindet sich ein weiteres Pedikon , und dann haben Sie eine Gruppe von fünf, die ein vierfaches Geflecht bilden. Martial, XII., 43:

> „Es gibt neuartige Figuren der Liebe, wie sie der leidenschaftliche Unzüchtige ausprobieren kann, wie erfahrene Wüstlinge sie aufführen und deren Geheimnis bewahren; wie fünf in einer Gruppe kopulieren können, wie noch mehr in einer Kette verbunden sein können.“

Schauen Sie sich Tafel XXXVI an. der *Monuments de la Vie privée des douze Césars* , mit einer Gruppe von fünf künstlerisch abwechslungsreichen Kopulatoren . Nero, mit dem Gesicht nach unten liegend, dringt in ein Mädchen ein, das auf dem Rücken liegt, und leckt gleichzeitig die Geschlechtsteile eines anderen, das steht; er selbst wird gepädet , während das stehende Mädchen auch ihren Hintern einem Pedikon unterwirft. Dass eine solche Kette unendlich ausgedehnt werden kann, ist selbstverständlich .

<u>138</u> . Übersetzung eines griechischen Strata-Epigramms durch Ausonius, zu finden bei Brunck *Analecta* , II., 380.

AUFZÄHLUNG
DER EROTISCHEN HALTUNGEN

1. Der Mann mit dem Gesicht nach unten nimmt zwischen seinen Schenkeln die Frau, die mit ausgestreckten Beinen auf dem Rücken liegt .

2. Der Mann wird mit dem Gesicht nach unten zwischen ihren Schenkeln von der Frau aufgenommen, die mit gespreizten Beinen auf dem Rücken liegt .

3. Die auf dem Rücken liegende Frau nimmt nur ein Bein ihres Kavaliers zwischen ihre Schenkel.

4. Die Frau liegt auf dem Rücken und hat ihre Füße über den Lenden des Mannes gekreuzt.

5. Die Frau liegt auf dem Rücken, ein Bein ausgestreckt, das andere über den Lenden des Mannes.

6. Die auf dem Rücken liegende Frau mit dem auf ihr sitzenden Kavalier, dessen Rücken ihr ins Gesicht zeigt.

7. Die Frau liegt auf dem Rücken, der Kavalier sitzt ihr gegenüber.

8. Der Mann liegt mit der halb auf der Seite liegenden Frau mit ausgestreckten Beinen.

9. Der Mann liegt mit der halb auf der Seite liegenden Frau, ein Bein ausgestreckt, das andere über den Lenden des Mannes.

10. Die Frau lag halb da, der Mann stieg mit dem Rücken zu ihr auf.

11. Der Mann auf den Knien, die Frau auf dem Rücken mit gespreizten Beinen.

12. Die Frau auf dem Rücken, ihre Beine ruhen auf den Lenden des knienden Mannes.

13. Die Frau auf dem Rücken, ein Bein ausgestreckt, das andere ruht auf den Lenden des knienden Mannes.

14. Die Frau auf dem Rücken, ihre Beine auf den Schultern des knienden Mannes.

15. Die Frau auf dem Rücken, ein Bein ruht auf den Lenden des Mannes, der auf seinen Knien liegt, und das andere auf seiner Schulter.

17. Der kniende Mann stößt auf die Frau, die mit gespreizten Schenkeln sitzt.

18. Die Frau sitzt, ein Bein ausgestreckt, das andere ruht auf den Lenden des knienden Mannes.

19. Die sitzende Frau, ihre beiden Beine ruhen auf den Lenden des knienden Mannes.

20. Die Frau sitzt mit ausgestrecktem Bein und dem anderen auf der Schulter ihres knienden Kavaliers.

21. Die Frau sitzt mit beiden Beinen auf den Schultern ihres knienden Kavaliers.

22. Die Frau sitzt, ein Bein auf der Schulter des knienden Mannes, das andere ausgestreckt.

23. Der Mann auf den Knien, die Frau mit dem Rücken zu ihm.

24. Der Mann auf dem Rücken, die Frau ihm gegenüber.

25. Der Mann auf dem Rücken, die Frau dreht ihm den Rücken zu.

26. Der Mann auf dem Rücken, die Frau steht ihm im Weg.

27. Der Mann auf dem Rücken, die Frau hochgehoben.

28. Der Mann sitzt mit der Frau vor ihm.

29. Der Mann sitzt, die Frau steht ihm gegenüber, die Beine in der Luft.

30. Der Mann sitzt neben der Frau und wendet ihm den Rücken zu.

31. Mann und Frau stehen.

32. Stehender Mann und Frau, ein Bein des Mannes oder der Frau hochgehoben.

33. Der Mann steht, die Frau auf dem Rücken, die Beine gespreizt.

34. Die auf dem Rücken liegende Frau, die Beine auf die Lenden des stehenden Mannes gelegt.

35. Die Frau liegt auf dem Rücken, ein Bein ausgestreckt und das andere auf die Lenden des stehenden Mannes gelegt.

36. Die Frau auf dem Rücken, mit beiden Beinen auf den Schultern des stehenden Mannes.

37. Die Frau auf dem Rücken, ein Bein ausgestreckt und das andere auf der Schulter des stehenden Mannes.

38. Die Frau auf dem Rücken, mit einem Bein auf der Schulter des stehenden Mannes, das andere über seinen Lenden.

39. Der Mann steht, die Frau liegt halb auf der Seite.

40. Der stehende Mann steigt in die Frau ein, die mit gespreizten Beinen sitzt.

41. Der stehende Mann stößt auf die sitzende Frau, deren Beine in die Luft gestreckt sind.

42. Der Mann steht, die Frau sitzt mit ausgestrecktem Bein und erhobenem anderen.

43. Der Mann stand auf und die Frau richtete sich auf.

44. Die Frau erhob sich und legte ihre Beine auf die Schultern des stehenden Mannes.

45. Der Mann steht, die Frau auf den Knien, mit dem Rücken zu ihm.

46. Der Mann steht, die Frau geht in die Hocke, mit dem Rücken zu ihm.

47. Der Mann steht, die Frau mit dem Rücken zu ihm, der untere Teil des Körpers ist angehoben und der obere Teil ruht auf dem Bett.

48. Der Mann steht, die Frau dreht ihm den Rücken zu, der Unterkörper ist künstlich angehoben.

49. Ein Mann, der sich hinlegt und geheilt wird .

50. Ein Mann im Stehen gepeinigt .

51. Ein Mann auf den Knien wird geheilt .

52. Ein Mann ging in die Hocke und behandelte ihn.

53. Irrumator im Liegen.

54. Irrumator sitzend.

55. Irrumator stehend.

56. Irrumator kniend.

57. Irrumator kauert.

58. Cunnilingue im Liegen.

59. Cunnilingue sitzend.

60. Cunnilingue stehend.

61. Cunnilingue kniend.

62. Cunnilingue kauert.

63. Fellatrix und Cunnilingue.

64. Masturbator.

65. Die helfende Hand.

66. Eine dritte Hand hilft.

67. Der Finger hilft.

68. Die Hilfe eines ledernen *Godemiche* .

69. Koitus mit einem männlichen Tier.

70. Koitus mit einem weiblichen Tier.

71. Tribad bei der Arbeit an einer Frau.

72. Tribad pedizieren .

73. Drei Spintries : ein Unzüchtiger geweiht .

74. Drei Spintries : ein pederastierter Päderast .

75. Drei Spintries : Ein Fellator wird gepeinigt .

76. Drei Spintries : Ein Fellator dringt in eine Frau ein.

77. Drei Spintries : ein Fellator beim Pedizieren .

78. Drei Spintries : ein Fellator beim Berieseln.

79. Drei Spintries : Eine Fellatrix, die von einem Mann betreten wird.

80. Drei Spintries : eine Fellatrix mit Pedikat .

81. Drei Spintries : Eine Kerlin bietet ihre Vulva zum Lecken an.

82. Drei Spintries : eine unzüchtige Cunnilingue.

83. Drei Spintries : eine Cunnilingue- Pedikation .

84. Drei Spintries : ein Cunnilingue Irrumates.

85. Drei Spintries : eine Cunnilingue, die pediziert wird .

86. Drei Spintries : Eine weibliche Cunnilingue wird von einem Mann betreten.

87. Drei Spintries : Eine weibliche Cunnilingue wird pediziert .

88. Vier Spintries, die eine Doppelkette bilden.

89. Vier Spintries, die eine Dreifachkette bilden.

90. Gruppe von fünf Kopulatoren .

DAS ENDE

9 789359 253909